建築用語図鑑

日本篇

建築用語図鑑

日本篇

中山繁信
杉本龍彦
長沖 充
蕪木孝典
伊藤茉莉子
片岡菜苗子
共著

越井 隆
イラスト

Ohmsha

本書を発行するにあたって，内容に誤りのないようできる限りの注意を払いましたが，本書の内容を適用した結果生じたこと，また，適用できなかった結果について，著者，出版社とも一切の責任を負いませんのでご了承ください．

　本書は，「著作権法」によって，著作権等の権利が保護されている著作物です．本書の複製権・翻訳権・上映権・譲渡権・公衆送信権（送信可能化権を含む）は著作権者が保有しています．本書の全部または一部につき，無断で転載，複写複製，電子的装置への入力等をされると，著作権等の権利侵害となる場合があります．また，代行業者等の第三者によるスキャンやデジタル化は，たとえ個人や家庭内での利用であっても著作権法上認められておりませんので，ご注意ください．

　本書の無断複写は，著作権法上の制限事項を除き，禁じられています．本書の複写複製を希望される場合は，そのつど事前に下記へ連絡して許諾を得てください．

出版者著作権管理機構
（電話 03-5244-5088，FAX 03-5244-5089，e-mail：info@jcopy.or.jp）

JCOPY ＜出版者著作権管理機構 委託出版物＞

まえがき

　たいへん面白い本ができました。

　ただ面白いばかりでなく、少し役立つのです。人とのコミュニケーションや居酒屋での話のネタに、そして、彼氏・彼女の心をぐっととらえて離さない知的教養が詰まっています。

　建築にかかわる『用語図鑑』ですが、専門的・辞書的な堅苦しい内容ではありません。この本では、「聞いたことはあるけど、何かと聞かれるとうまく説明できないような建築用語」を取り上げ、関連する建物を例に見開き構成で展開されています。

　目次は、誰でも一度は学校で見たことのある歴史年表に沿って、「古代〜中世〜近世〜近代〜現代」の5章構成としています。項目は例となる建物の建築年順（推定含む）に並べています。

　この本の中で現存するものとして最初に出てくるのは、法隆寺五重塔です。歴史的には607年まで遡りますが、現在私たちが目にしているのは680年頃に再建されたもの（670年に焼失のため）になります。そこから21世紀の現代まで。

　つまり、この本には"およそ1300年の歴史"が詰まっているのです！

　解説は専門的に深く掘り下げるのではなく、一般の人のためになるべく広く、やさしく解説しています。何よりもその解説の中でちょっとしたエピソードを交えながら、気楽に読める『建築用語図鑑』に仕立てたことが、この本の自慢するところなのです。

　この本をガイドブック代わりに、実際にその建物を訪れれば、建物に対する愛着も見識も深くなり、意義のある旅になること間違いなしです。

　さらに、イラストレーターの越井隆さんが、用語の内容をよく理解して楽しくわかりやすいイラストにしてくれました。誠に感謝する次第です。

　専門家の方々には用語の選択や説明の部分で物足りない部分があると思いますが、本書の主旨をご理解いただき、ご寛容のほどお願いいたします。

　さあ、ページをめくっていただき、時空を超えた建築の旅へ出発しましょう！

中山繁信

建築用語図鑑 日本篇
CONTENTS

01	**大黒柱**はどこからやってきた？　三内丸山遺跡	012
02	地震で倒れない!?　五重塔と**心柱**のナゾ　法隆寺五重塔	014
03	生まれ変わり続ける**唯一神明造**　伊勢神宮	016
04	天までつながる**大社造**の巨大柱　出雲大社	018
05	古代信仰をいまに伝え残す**春日造**　春日大社	020
06	建築と庭が融合した**浄土庭園**　平等院鳳凰堂	022
07	誰かが断崖に投げ入れた!?　**懸造**　投入堂	024

08	構造材を化粧材に変化させた**桔木**の力　法界寺阿弥陀堂	028
09	**下地窓**のルーツは庶民の掘立住居　信貴山縁起絵巻	030
10	貫抜きではできない**大仏様**　東大寺南大門	032
11	超長〜い**和小屋**　三十三間堂	034
12	なんともにぎやかになった**禅宗様**　円覚寺舎利殿	036

近世

13 日本初の**四畳半**・銀閣寺にあり　慈照寺東求堂　　040
14 **土間**から高床へ　箱木千年家　　042
15 **侘び空間**に見る日本美の原点　妙喜庵待庵　　044
16 突如誕生した**城郭建築**　松本城　　046
17 **長押**は時代に翻弄された　二条城二の丸御殿　　048
18 泣きたくなるほど美しい**数奇屋**　桂離宮　　050
19 **有楽囲い**という唯一無二の独創性　如庵　　052
20 **台目構**がもたらした書院造と茶室の融合　密庵席　　054
21 **伽藍**配置から東照宮を読み解く　日光東照宮　　056
22 すべての**開口部**に意味を　曼殊院八窓軒　　058
23 **扠首組み**による屋根裏の大空間　白川郷合掌造　　060
24 国宝になった**寺子屋**　旧閑谷学校　　062
25 境界を曖昧にする変幻自在の**建具**　掬月亭　　064
26 **田の字プラン**に見る部屋ごとの役割　旧田中家住宅　　066

近代

27 日本最古の教会は**ゴシック**でつくられた　大浦天主堂　　070
28 **木骨煉瓦造**が世界遺産になった　富岡製糸場　　072
29 文明開化の象徴・**擬洋風建築**　旧開智学校　　074
30 **ベランダ**は残り続ける　旧岩崎邸　　076
31 琉球民家の心地よさに**雨端**あり　銘苅家住宅　　078

32	豪華絢爛なネオバロックの大宮殿　赤坂離宮	080
33	関東大震災でも倒れない煉瓦組積造　横浜赤レンガ倉庫	082
34	大谷石採掘場跡はまるで地下劇場　大谷石採掘場跡	084
35	日本に倣ったプレーリースタイル　自由学園明日館	086
36	脊椎のように動く!?　Ｅｘｐ．Ｊ（エクスパンションジョイント）　旧帝国ホテル	088
37	未来に残すスケルトンインフィル　求道学舎	090
38	関東大震災が看板建築を生んだ　武居三省堂	092
39	怪獣がいるロマネスクの講堂　一橋大学兼松講堂	094
40	和洋融合の環境共生住宅　聴竹居	096
41	古代インド式にならった斬新な寺院　築地本願寺	098
42	和風伝統建築とモダニズム建築が融合した　軽井沢夏の家	100
43	アールデコの邸宅は自動車事故がきっかけ　旧朝香宮邸	102
44	モダニズム建築の原型・白い箱　土浦亀城邸	104
45	近代数寄屋の誕生で柱が消えた!?　旧杵屋別邸	106
46	シンメトリーな木造モダニズム　前川國男邸	108

現代

47	DK（ダイニング・キッチン）の誕生　戸塚四丁目アパート	112
48	しつらいは住まいの必殺技　斎藤助教授の家	114
49	狭小住宅の元祖！　最小限住居　最小限住居	116
50	さまざまな用途に対応するピロティ　香川県庁舎	118
51	空飛ぶワンルーム　スカイハウス	120
52	モデュロールが体感できる美術館　国立西洋美術館	122
53	日本の伝統と融合した吊り構造　国立代々木競技場	124

54	超高層ホテルはオリンピックがきっかけ　ホテルニューオータニ	126
55	9階建てのビルに載せた100mのタワー　京都タワー	128
56	都市住居の可能性を広げた金字塔　塔の家	130
57	陸に上がったHPシェルの白鯨　もうびぃでぃっく	132
58	日本初の超高層ビル　霞が関ビル	134
59	「人類の進歩と調和」しないベラボーなパビリオン　太陽の塔	136
60	未来からやってきたカプセル　中銀カプセルタワー	138
61	世間に衝撃を与えた打放しコンクリート住宅　住吉の長屋	140
62	文化財を守るプレキャストコンクリート　海の博物館・収蔵庫	142
63	阪神・淡路大震災の教訓としての紙の建築　紙の教会	144
64	巨大コンコースは大舞台に変化する　京都駅ビル	146
65	街とつながるユニバーサルスペース　せんだいメディアテーク	148
66	ガラスブロックを纏った光の宝石箱　メゾンエルメス	150
67	リビングやキッチン、個室がバラバラの分棟に　森山邸	152
68	都市住宅における寄棟屋根のフシギ	154
69	重力への挑戦・キャンティ　ホキ美術館	156
70	アートと一体になる土型枠によるシェル構造　豊島美術館	158
71	本当にアンビルトになってしまった競技場　東京オリンピックメインスタジアム・ザハ案	160
72	集成材が木の大空間を可能にした　静岡県草薙総合運動場体育館	162

所在地リスト	164
参考文献	166
索引	168

古代

012

三内丸山遺跡

01	大黒柱は どこからやってきた？

三内丸山遺跡
（紀元前5500〜4000年前）

関連・メモ　心柱・唯一神明造・大社造
設計者　——

　建築の起源のひとつに、「柱を立てる」ことが挙げられます。

　三内丸山遺跡などの縄文時代の遺跡を見ると、巨大な木の柱が出土しています。上部構造は現存していないため詳細は不明ですが、この柱は住居としては大きすぎるため、「祭祀のためつくられた可能性が高い」と考えられています。

　弥生時代の竪穴式住居を見ると柱の跡が四つであり、まだ大黒柱らしきものは見当たりません。日本最古の民家と推定される室町後期の箱木千年家（14参照）にも大黒柱はありません。

　一方、祭祀施設である法隆寺五重塔には心柱があります。伊勢神宮や出雲大社においても心御柱があり、柱自体に重要な意味があります（2〜4参照）。

柱の下に仏舎利を置く

五重塔

柱の下に神器を置く

伊勢神宮

　柱は大変神聖なものだったため、昔の人は住居の中に象徴としての柱を取り込むことは避けていたのかもしれません。

ところが、やがて大黒柱は人々の住まいにも取り込まれていきます。

江戸時代に入ると、江川家住宅などをはじめとして大黒柱が見られるようになるのです。

構造的には細くて問題がなくとも、太く長くすることで意味をつくり出した

中心の柱は人々にとって神聖なもので、とても大事

象徴的に扱われる大黒柱

江川家住宅（1600頃）

しかし、明治以降になると徐々に様子が変わりはじめます。西欧から組積造が入ってきますが、そもそも柱がありません。さらに昭和に入ると、柱を大壁で見えなくする近代数寄屋の表現も出てきます（45参照）。

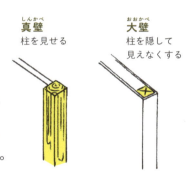

真壁　柱を見せる

大壁　柱を隠して見えなくする

近代以降に広まったモダニズム建築（44参照）の影響もとても大きかったのです。モダニズム建築の多くは、装飾のないさっぱりとした構成で、柱を見せません。近年では柱のないツーバイフォーの台頭、大黒柱を必要としない現代の考え方などから、大黒柱は減少傾向にあります。

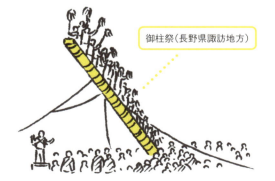

御柱祭（長野県諏訪地方）

ですが、柱は大事なものと考える（象徴的な意味を与える）風習は、日本人の行事や言語に根づいています。日本の伝統文化をふまえると、家に大黒柱を意識的に立てることは、空間に意味をもたせることにつながるのかもしれません。

014

法隆寺
五重塔

02 地震で倒れない!? 五重塔と心柱(しんばしら)のナゾ
法隆寺五重塔（680頃）

関連・メモ　大黒柱・大社造
設計者　——

心柱(しんばしら)とは建築物、特に仏塔などの**中心となる柱**のことをいいます。

日本は**地震大国**です。これまで多くの被害に遭ってきました。しかし興味深いデータがあります。それは、江戸時代以前に建立された**五重塔**(ごじゅうのとう)には地震による**倒壊・大破の記録がない**のです！　でも一体なぜ!?　それは大きなナゾなのです。

地震だ！
おっとっと

「柔よく剛を制す」説

五重塔は細長く高いからでは!?　倒れやすそうに見えますが、細長いほど柔らかく、力を逃がしやすくなるのです

「ヤジロベエ」説

せり出した屋根がヤジロベエのように作用しているのでは!?　重心が支点の直下にあると倒れません

「スネークダンス」説

各層が交互に左右に振れると本体と心柱がぶつかってお互いのエネルギーを吸収（相殺）するからでは!?

「組物」説

組物があるおかげでは!?　木の組物は変形能力が大きく、地震エネルギーを吸収しているのかもしれません

やっぱり、**心柱**が一番効果が大きいのでは!?
きっと振り子のように作用しているのでは!?

> 1300年前から建っているのだから、
> きっとすごい効果があるはず!?

しかし、残念ながら現在のところ、心柱の構造的な意味は確認できていません（そうすると、五層の建物は心柱を守るためだけのものなのか……）。

> 説も解明されていない……。
> そうなのか。でも何かすごい効果がありそうな……

古代の人たちの柱に対する神聖な思いはたしかに強いのです。御柱祭、伊勢神宮の心御柱、大黒柱など……。
五重塔の構造の意味は詳しく解明されていませんが、2012年に心柱型付加質量機構という制震構造をもった建築が竣工しました。

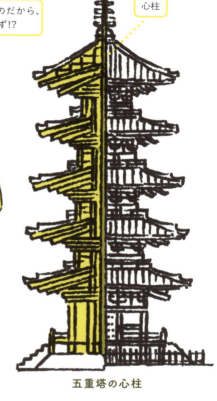

五重塔の心柱

それが**東京スカイツリー**です！

心柱は125mまで塔本体とつながっていて、それより上をフリーにしました。そうすると、塔本体の揺れと周期が変わり、地震時の揺れにブレーキをかける役割を果たせるのです。
研究がいまよりもっと進み、五重塔と心柱の構造的なメカニズムがわかったとき、きっと未来の建築も生かされ、その知恵が引き継がれていくことでしょう。ナゾがあると未来が楽しみになりますね。

H=375m
心柱
H=125m
塔本体
東京スカイツリー

03 生まれ変わり続ける 唯一神明造
伊勢神宮（690*）

*第一回式年遷宮年

関連・メモ 大社造・春日造・大黒柱
設計者

大昔、日本人は**自然そのもの**を神様と考えていました。祈る対象はさまざまで、**八百万の神**がその思想を表しているといえます。自然のお陰で生かされている（お陰様）という考え方です。

ところが、6世紀半ば、中国から**仏教**とともにお寺（仏教建築）がやってきます。

すると人々は、日本の神様にも何か建物があった方がいい、と考えました。そこで生まれたのが**伊勢神宮**です。

伊勢神宮の造りは、他にない形式でつくられたため、**唯一神明造**と呼びます。

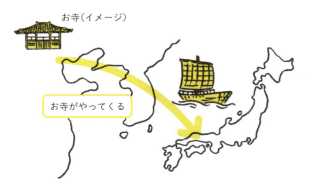

お寺やヨーロッパの教会にはない最大の特長が**式年遷宮**です。

石の教会

永遠にもつようにつくります

修理をしながらずっと使います

木造のお寺

式年遷宮により生まれ変わり続ける

20年周期で建て替える

東西にまったく同じ大きさの土地がある

自然の森に包まれる伊勢神宮

　伊勢神宮では、20年周期で古い建物を壊し、隣の同じ大きさの敷地（宮地）にまったく新しく建て替えます。

　お社やいろいろなものを新しくすることによって、神様（大御神）も生き生きとして、より強く生まれ変わる思想です。そのために必要なことが式年遷宮。つまり**神様の引越し**です。そうすることで、建築技術や御装束神宝などの調度品を**現在に引き継ぐ（伝える）**ことができ、**いつでも新しく変わらない姿**を臨むことができます。

　西欧建築は**自然に対抗するもの**という意味合いが強いですが、日本建築は**自然と調和する**ようにつくられています。その中でも**伊勢神宮は20年ごとに生まれ変わり、建築が生命・自然そのものの循環を表している**かのようです。また他の国とは比べものにならない**無彩色・無装飾**で、清純かつ高貴な意匠といえるでしょう。日本人の思想を体現した、**世界に誇るべき日本建築**のひとつなのです。

お陰様という考え

太陽のお陰　　木々のお陰　　花、食べ物　　etc……

自然のお陰で生かされていると考える

04 天までつながる大社造の巨大柱

出雲大社（少なくとも700頃）

関連・メモ　唯一神明造・春日造・懸造
設計者　——

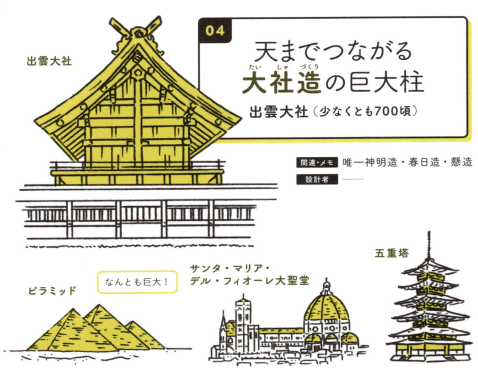

ピラミッド、大聖堂、五重塔……。なぜ、人は**高い建物**をつくるのでしょうか？　古来より人々は高いところに神聖なる「何か」を感じ取っていたことが理由のひとつといえます。自然や病、飢饉など人為が及ばないことはとても多い。だから、お祈りをして神様に感謝の念を伝えなければ。伝えるには高いところがいいだろう、ということで神を祀る建造物は人と神々の世界の架け橋となるべく高くなっていったと考えられます。

日本最古の歴史書『**古事記**』にその創建が記されている**出雲大社**もそのひとつ。現在の本殿（1744造営）は**24m**（8丈）で、およそビル8階建てに相当します。しかし太古の時代、本殿の高さは現在の2倍、**約48mあった**（96m説も）と言い伝えられています!!

昔からこの説を信じない人は少なくなかった。しかし、ある日とんでもないものが発掘されます！

なんと、出雲大社境内から直径約1.3mの柱が3本束ねられているものが発掘！
しかも柱を束ねていたと見られる鉄の破片まで！

出雲大社本殿 平面図

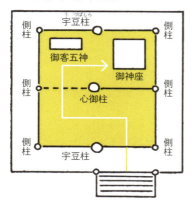

タイ・ゲンルアンノーグ村の祭祀施設

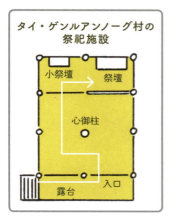

　柱の基部がいくか見つかり、平安時代の古図「金輪御造営差図」（古い時代の出雲大社平面図）とほぼ一致することがわかりました。

　そんな出雲大社は**大社造**という様式でつくられています。**掘立柱、切妻造、妻入**（05参照）が特徴です。切妻屋根でありながら**優美な曲線**を描いている点が、伊勢神宮の**唯一神明造**と異なる点です。また、神への畏敬の念からか妻入の右から入ります。さらに一番奥の御神座へは、わざわざ廻り込むような動線が引かれています。

　ここで見てきたように、人々が**高い建物**をつくることは祭祀施設として**世界共通**といえます。また、タイの山岳民族の集落を見ると、出雲大社にそっくりな平面計画になっています。
　世界各地でこのような共通項を見出すたび、人類の思想のつながりを感じずにはいられません！　歴史を知り、残された文献や遺跡から学ぶことで、あなたの見える世界は物語と文化的価値をもって一気に開けるでしょう。

春日大社

05 古代信仰をいまに伝え残す春日造
春日大社（768）

関連・メモ　心御柱・大社造・五重塔
設計者　—

春日大社の本殿は、奈良時代に平城京の守護神として国家の繁栄を願い創建されました。式年造替により約1300年もの間、ほぼ20年ごとに建て替えが行われてきました*。本殿の場所はそのままで建て替えるので「造替」といいます。一方、伊勢神宮の場合は場所ごと引っ越すので「遷宮」といいます。春日大社本殿の建築様式は、春日造といわれています。

> 本殿には四柱の神が祀られているため、本殿は4棟あり、すべて同形・同寸法となっています

神社の本殿は、平入のものが多数で一般的ですが、春日造は妻入で、正面に片流れの庇が付くのが特徴です。そしてもうひとつ、春日造には大きな特徴があります。それは、一間社と呼ばれる最低限の規模のものがほとんどということです。

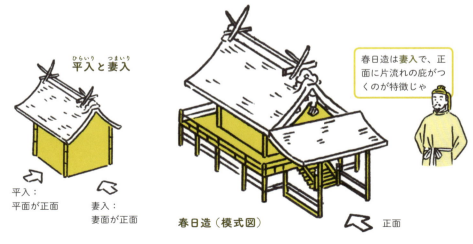

平入と妻入

平入：平面が正面
妻入：妻面が正面

春日造（模式図）　正面

> 春日造は妻入で、正面に片流れの庇がつくのが特徴じゃ

＊春日大社では文化財保護の観点から、1863年の造替以降は新築とせず、大修理をもって造替としています。

春日大社本殿の平面は6.4尺×8.7尺（約1.9m×2.6m）と、**三畳ほどの大きさ**しかありません。国を護るという壮大な目的の割には、きわめて小さい規模です。これはなぜでしょうか……？

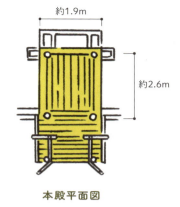

本殿平面図

実に小さいじゃろ。これを一間社というのじゃ

本殿規模表記

これを見ると、一間社は最小限の規模だということがわかりますね

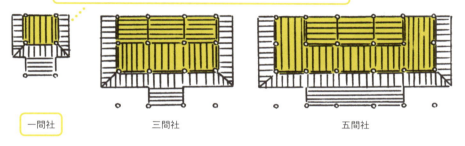

一間社　　三間社　　五間社

　春日大社は奈良時代、**御蓋山**の山頂に神を祀ったのが創建の起源とされています。つまり、畏敬の対象としての**ご神体**は御蓋山なのです。春日大社の東側には、30万坪の広大な春日山原始林が残っており、**神域（神山）**として信仰の対象となっていました。古来より人々は、**自然との共生**を図ってきたのです。

　それは、4棟の本殿からも読み取ることができます。春日大社の境内は山麓の傾斜地となっていますが、大きな造成などはせず、建築、特に回廊などはその**傾斜に合わせて造営されている**のです。また、4棟ある本殿はすべて同じ大きさ・形ですが、東のわずかに高い位置にある第一殿より西の第四殿まで、もとの地形に合わせて異なる高さに建築されており、聖なる場所に対する人々の思いを感じ取ることができます。

　ここでは**広大な自然そのものに神が宿る**と考えられてきたので、本殿の小ささも聖なる土地への配慮だったのでしょう。全国に現存する春日造の神社のほとんどが「一間社」であるのも、春日大社の**自然との共生**という成り立ちを考えれば、当然のことなのかもしれません。

06 建築と庭が融合した浄土庭園
平等院鳳凰堂（1053）

関連・メモ　伽藍・阿弥陀堂・藤原頼道
設計者　──

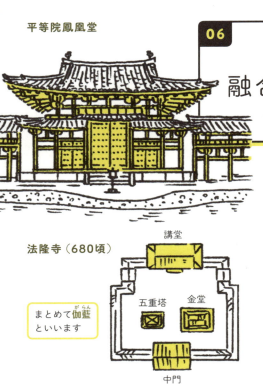

平等院鳳凰堂

法隆寺（680頃）　講堂／五重塔／金堂／中門

まとめて**伽藍**といいます

　それまでの仏教建築では、塔・金堂・講堂などとそれを囲む回廊が**伽藍**であり、ひとつの仏教空間でした。**庭はなかったのです。**

　平安中期から盛んになった**浄土教**の教えは、**極楽浄土を願うこと**でした。その思想が庭園にも反映され、**浄土庭園**が生まれました。

　特徴は、水・緑・石に加えて**洲浜**を備え、庭を舟で見られることです。古くから日本人にとって、極楽とは、**島**にあって水際には砂石を敷いた**洲浜**があることだったのです。この構成は寝殿造の庭にもつながっています。なお、現存する浄土庭園は**平等院鳳凰堂**の庭と毛越寺（平泉・1150頃）の庭園しかありません。

建築と庭園がセットではじめてひとつの浄土空間

洲浜

きらめく内部

絵画、彫刻、工芸、ありとあらゆる造形美術の結晶！

きらめく仏像

平等院鳳凰堂は、本尊・阿弥陀如来坐像（国宝）が安置された阿弥陀堂です。中心となる中堂と、北側と南側にあるふたつの翼廊、そして尾廊の4棟から成り、華麗かつ荘厳な世界が広がります。中堂の屋根上に鳳凰が据えられていることから、江戸時代より鳳凰堂と呼ばれるようになったといわれています。鳳凰堂を上から見た様は、鳳凰が翼を広げている姿を模したものにも見えますね。

阿弥陀様

それまでは念仏を唱えながら阿弥陀仏の周囲を廻る修行を行っていた

また、阿弥陀堂は修行堂ではないため、方三間（四隅の柱が正方形状に配置され、その一辺が三間）でよかったのです。

これらのことから、鳳凰堂は思想を形態で現し、装飾で表現し、行動に合わせた内部空間にし、さらに庭と一体化させたことがわかります。自然である庭と一体になることで、建築は一層優美な姿になるのです。

投入堂

07 誰かが断崖に投げ入れた!? 懸造(かけづくり)
投入堂（1150）

なぜあんな断崖絶壁に……

たしかに下から投げ入れたみたいだ

関連・メモ　春日造・垂木・役行者
設計者　──

役行者（修験道の開祖）が法力で小さくしたお堂「えい！」と投げ入れた、という言い伝えが残る三徳山三佛寺(みとくさんさんぶつじ)の投入堂(なげいれどう)（奥院）をご存知でしょうか？

三徳山三佛寺の開山は、飛鳥末期の706年まで遡るといわれています。投入堂は、標高520mの断崖にへばりつくように佇む国宝建築(切妻檜皮葺きの小さな愛染堂が連結されています)で、平安後期に建てられました。

このような建築を**懸造(かけづくり)**といいます。「懸造」とは、**舞台造**とも呼ばれ、急な断崖や段差のある場所に**地形に合わせて柱を立てて建築をつくる技法**です。

崖、岩場の上に異なる複数本の長さの柱で水平な床面をつくり、柱同士を**貫(ぬき)**や**筋(すじ)かい**を用いて固定されています。山岳信仰を行う密教や修験道は仏や観音様を崖や岩屋に安置することが多いのです。

愛染堂(あいぜんどう)　本尊は愛染明王
投入堂(なげいれどう)　本尊は蔵王権現
衝立
三徳山三佛寺の奥院は、衝立を境に二つのお堂からなる

舟肘木(ふなひじき)
舟形の柱上にある桁と軒を支える部材

人がいるとお堂のスケール感がわかる

三佛寺には、投入堂までの参拝ルートにもいくつかの興味深い重要な建築があります。登山道を登っていくと、**室町後期の懸造である文殊堂(もんじゅどう)**や**地蔵堂(じぞうどう)**があります。さらに登ると鎌倉時代の**鐘楼堂(しょうろうどう)**があり、そして投入堂と同じ平安後期に建てられた**春日造**（05参照）の**納経堂(のうきょうどう)**が現れます。まさに希少建築のオンパレード！

屋根は檜皮葺き

破風板

垂木

身舎
仏像が安置される部分は、桁行二間、梁間一間の大きさ、柱は丸柱

根太
身舎の周りに回縁となる部分が廻される。こちらは角柱を面取りしたもので構成される

筋かい

隅柱

懸造の傑作！
投入堂はこのように
つくられています。

投入堂の木材にはすべて檜が使用されています。屋根は檜皮葺き。当初、柱はベンガラの赤、壁は白、垂木の先端は金色だったことがわかっています。もとは神社建築として建てられたことがわかっており、日本に残る神社建築としては最古の分類になります。

崖の斜面に合わせて柱を立てていますね。すごい精度です！

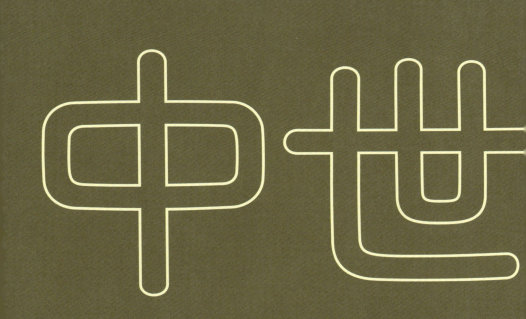

08 構造材を化粧材に変化させた桔木の力
法界寺阿弥陀堂（平安末期）

関連・メモ　垂木・軒の出
設計者　——

法界寺阿弥陀堂

軒の出が長〜い！

お寺などで屋根を支える構造材といえば、**垂木**です。
現代の住宅でも原理はまったく同じです。

日本建築の優美さはなんといっても屋根！

美しい屋根には、深い軒の出や屋根の反りがとても重要です。ですが、無理をすれば折れてしまう。細かいピッチで**垂木**を入れるにも、限界がある。もっと根本的に**軒を出す**方法はないだろうか……!?

とにかく深く！
できるだけ長く！

そうして生まれた部材が、桔木でした

桔木によって、それまでとは比べられないくらい深く軒を出すことができるようになりました。

無理して細くすると折れてしまう

太くても、ごついし

もっと軒を出す方法はないだろうか……

→

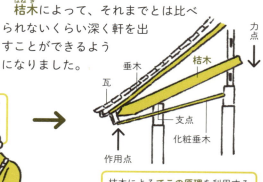
桔木によるてこの原理を利用する

"桔木"は縁の下ならぬ、天井上の力持ち!!

垂木は、ここでお役御免になるはずでした。ところが、垂木は**構造材から化粧材へ**と役目を変えて残ったのです。

軒の出も垂木も美しい

垂木が見えていた方がなぜか心地よく見えるのう！

内部でもつなぎ梁がいらないのじゃよ

美しさを保つ一方、屋根の中は大渋滞です!!

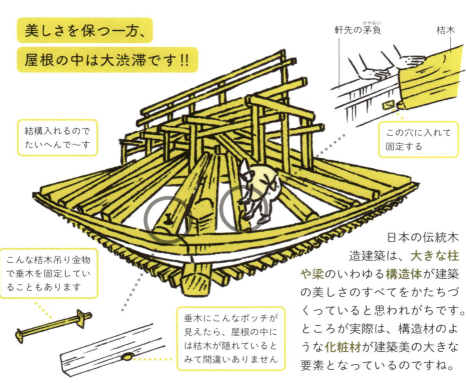

軒先の茅負（かやおい）　桔木

結構入れるのでたいへんで〜す

この穴に入れて固定する

こんな桔木吊り金物で垂木を固定していることもあります

垂木にこんなポッチが見えたら、屋根の中には桔木が隠れているとみて間違いありません

日本の伝統木造建築は、**大きな柱や梁**のいわゆる**構造体**が建築の美しさのすべてをかたちづくっていると思われがちです。ところが実際は、構造材のような**化粧材**が建築美の大きな要素となっているのですね。

信貴山縁起絵巻

09 下地窓のルーツは庶民の掘立住居
信貴山縁起絵巻（1192）

関連・メモ 間戸・窓・茶室
設計者 ――

　日本建築の構造は柱と梁で構成される**柱梁構造**が主流です。一説に**柱と柱の間**に**戸**を入れることから、それを**間戸**というようになったといいます。そして、四季の変化や用途に応じて、板戸、紙障子、格子戸などの多様な建具を考え、さらに、引き違いや引き込み、開きなどの変化に富んだ開閉形式を取り込み、快適な住環境をつくってきました。

　もうひとつ、西欧の石造建築に多く見られる壁に開口を穿つ**窓**があります。この種の窓は**城郭建築**（16参照）以外の伝統建築では少数派ですが、その中で代表的な窓が**下地窓**でしょう。

　下地窓とは、土壁の下地となる**細い竹の骨組を一部塗り残して窓**としたもの。下地の骨組は、細い竹や割竹を格子状に組んだもので、**小舞**といわれています。

　平安末期の絵巻物である**信貴山縁起絵巻**などには、貧しい庶民層の家にこの下地窓が多く描かれていることから、下地窓の歴史は古く、ごく身近に存在した一般的な窓でした。

下地窓の行程

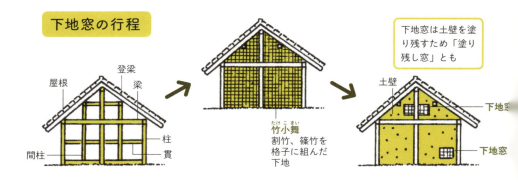

下地窓は土壁を塗り残すため「塗り残し窓」とも

開口部には戸などはなく、寒さや暑さは外気と同じであったので、通気と明かり取りを目的とした窓と考えられます。

本来、下地窓は下地となる竹小舞を塗り残した窓だったのですが、**茶室**などに使われるようになり、徐々に藤つるなどを巻き付けるなど**洗練**され、進化していきました。

下地窓の構造

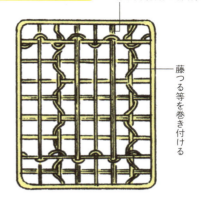

洗練されていく茶室の下地窓

桂離宮の賞花亭
（18 参照）

賞花亭は庭園の中につくられた茶室風の建物で「消夏」、すなわち夏の暑さを消す（涼を求める）ための建物だったのです

妙喜庵待庵
（15 参照）

下地窓の内側には紙障子が入っています

031

東大寺南大門

10 貫抜きではできない 大仏様の強い構造
東大寺南大門（1199）

貫

関連・メモ 和様・禅宗様・長押
設計者 重源（大勧進）

1180年、平重衡による南部焼き討ちで東大寺が焼失。その後、再建されることになりますが、新しい東大寺はそれまでの和様ではなく、大仏様（戦前は天竺様といった）で建てられました。それは、なぜでしょうか……？

1180年、東大寺は燃失してしまいます

和様でつくられていました

それまでの和様はというと、水平材が少なく……

柱は長押で固定していましたが……。柱の上部を梁で接合しただけでは弱く……

長押　ペシャン

長押　柱　挟む

長押　柱

柱を挟む長押の強度も弱かったため

地震でもたびたび被害に遭っていたのです

長押が和様の大きな特徴です

それらの問題を解決するべく、登場したのが、重源（1121-1206）です。重源はそれまでの和様から貫を用いて地震に耐える新しい建築様式大仏様を完成させました。

貫とは構造強度を高めるために、柱に通す水平材です。貫のような柱に穴を空ける工法は縄文・弥生まで遡れるといわれています。和様ではなぜかその工法は使われませんでした。

貫を使うことで、これまでよりも強い構造となるのだ

くさび　貫　柱

重源

中国の宋に渡り最新の技術や文化を学んだ後、東大寺の創建を果たした日本の僧侶

突き上がる通し柱。
圧倒的な力強さを感じる
吹き抜けの空間。

ガッシリ

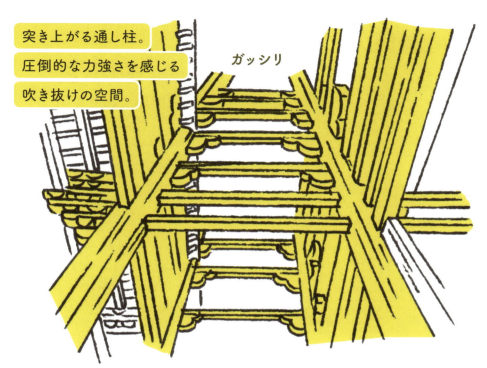

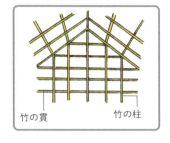

中国の竹構造にヒントを得たとも

竹の貫　竹の柱

重源はどうして和様を進化させることができたのでしょうか？

大仏様誕生の秘密は重源の留学先にありました。重源は中国（宋）に幾度も行っています。そこで竹構造にヒントを得たとも考えられています。

ただ、それにしても和様と大仏様とでは構造の考え方が違いすぎます。なので、その多くはいまだに大きなナゾとされています。

いずれにしても重源は、貫を用いて、それまでとは比べものにならない構造を強くし、財政的・技術的に多難な時期にあった東大寺を見事に再建してみせました。

強度が高く合理的だった貫工法は、それ以降の日本建築に有効に取り入れられていきました。大仏様は初期の禅宗様（12参照）の一部に折衷されていきますが、従来の和様から見ると異様だったためか、徐々に減っていきます。しかしながら、外から入ってきた工法や技術のいいところを取り入れつつ、その後の建築に活かしていった当時の人々の知恵は特筆すべきところといえそうです。

大仏様は特殊すぎたのかのう

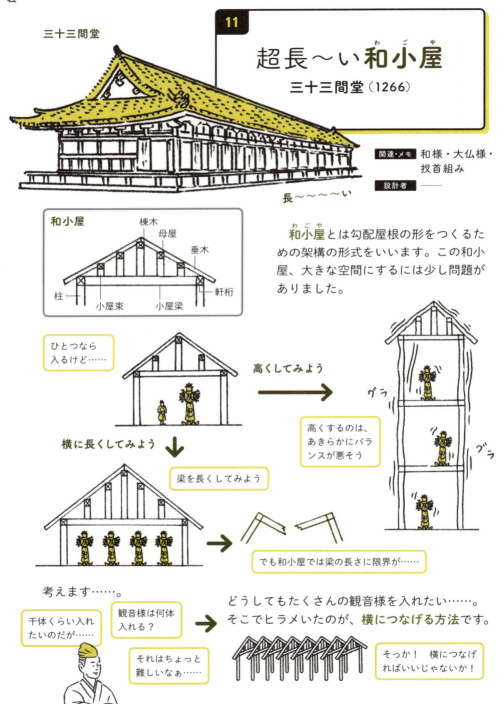

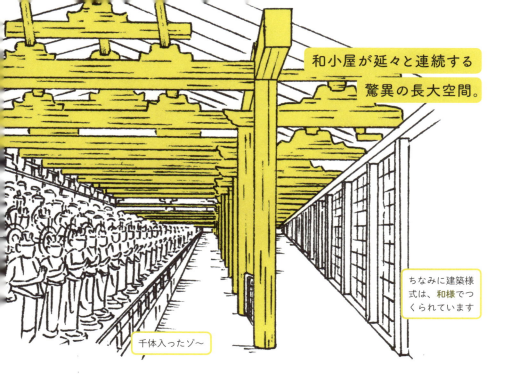

和小屋が延々と連続する驚異の長大空間。

ちなみに建築様式は、和様でつくられています

千体入ったゾ〜

こうして**三十三間堂**は**和小屋が連続する長大空間**となりました。でも、よ〜く数えると三十五間あります。えっ、これって間違いじゃないの!?

いいえ、合ってます。古代の建物は**間面記法**といって、仏像を入れる母屋（三十三間）で表現され、庇（二間）の部分は数に含まないのです。

改めて日本のお寺を見てみると、横長が多いことに気づきます

ちなみに、西洋は縦長が多い

通し矢の行事

シンプルな和小屋であっても、ちょっとしたアイデアで建築空間は大変身します。三十三間堂では**通し矢などの行事**も行われています。建築の形状が内部の用途に対応しつつ、行事にも対応している面白い例といえるでしょう。

035

東福寺三門

にぎやかだね！

12 なんともにぎやかになった禅宗様

東福寺三門（1405）円覚寺舎利殿（室町中期）

関連・メモ 大仏様・長押
設計者 ──

お寺に行くと、「この建物は**禅宗様**でできています」などとの説明を受けることがあります。

他にも和様、大仏様、新和様……、いっぱいあってわかりづらい

　たしかにそうかもしれません。ですが、特徴さえ掴めればその建築様式は簡単に判別できるのです。さらに、様式がわかれば宗派や時代の流れといった、なぜ建築がそのかたちになったかという物語まで見えてくるのです！
　ここで様式の見分け方の前に、海外と日本の大きな違いをお教えします。

　たとえば西洋で**ゴシック様式**といえば、**教会**はもちろんですが、**住宅**など他の用途の建物も含まれます。でも日本で**禅宗様**の住宅など見たことも聞いたこともありません。神社と寺の様式も異なります。日本では、**用途と様式がリンク**するのです!!

教会の
ステンドグラス

絵でも美術でも
ゴシックです

　さらにゴシック様式は、絵画や彫刻など美術全般にも適用される概念です。でも、禅宗様の絵などありませんね。ゴシックでは石造も木造も関係ありませんが、禅宗様は**木造のみ**（時代が進んだ現代ではRC造も出てきましたが、これは木造を模したもの）。すなわちゴシックは様式ですが、禅宗「様式」ではなく、禅宗様が正しいのです。

住宅

住宅だけど
ゴシックです

> さて、禅宗様の特徴は……、
> とっても派手でにぎやか！

そのきっかけは、禅宗が栄西(1141-1215。平安末期から鎌倉時代にかけて活躍した僧。南宋から禅宗を持ち帰る)によってもたらせられたためです。

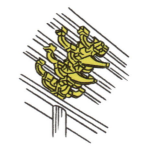

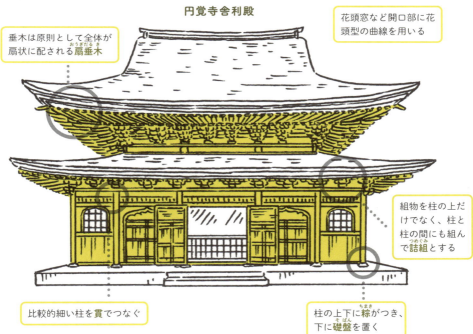

円覚寺舎利殿

- 垂木は原則として全体が扇状に配される**扇垂木**
- 花頭窓など開口部に花頭型の曲線を用いる
- 組物を柱の上だけでなく、柱と柱の間にも組んで**詰組**とする
- 比較的細い柱を**貫**でつなぐ
- 柱の上下に**粽**がつき、下に**礎盤**を置く

大仏様は**天竺様**、禅宗様は**唐様**と呼ばれることもあります。しかし学術用語としてみた場合、天竺はインド、唐は中国のことなので、それぞれインドと中国の建築ということになってしまいます。そこで学術用語としては大仏様、禅宗様となりました。

禅宗様は大仏様と同様、**貫**を用いて構造面の強化を図っていること、細部に**装飾彫刻**を多用していることがポイントです。

大仏様は重源の没後、急速に使われなくなっていきます。その一方で、禅宗様は幕府の庇護のもとで確固たる基盤をもって全国に普及していきます。禅宗様は、「時の権力者が推進したものは隆盛する」例として代表的なものといえるでしょう。

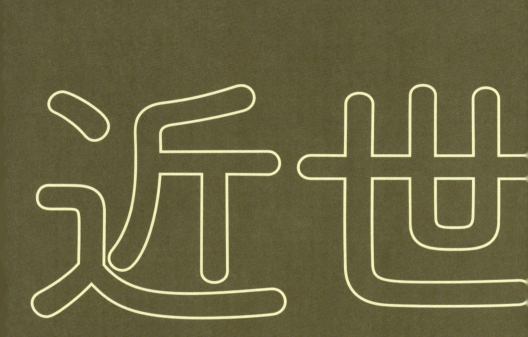

慈照寺 東求堂

13 日本初の四畳半 銀閣寺にあり

慈照寺東求堂（1485）

関連・メモ　書院造・同仁斎・足利義政
設計者　—

慈照寺 観音殿

　慈照寺（銀閣寺）は、時の将軍であった室町幕府8代将軍**足利義政**（1436-1490）により、自らの居住のための山荘として建立されました。現在の慈照寺の境内にある建物の中で、義政の建立当時から残存する建物は通称**銀閣**と呼ばれる**観音殿**と**東求堂**（どちらも国宝）。有名なのは銀閣ですが、ここでの主役は**日本最古の書院造**である「東求堂」です。父や兄を早くに失いわずか9歳にして家督を、15歳にして将軍職を継ぐこととなった義政ですが、その若さもありほぼ実権をふるえない状況の中、**応仁の乱**（1467-1477）を引き起こしてしまいます。都に絶大な被害をもたらし、世間から大きな非難を受けたこの戦火に対し、義政はまるで人ごとのように背を向け、ひたすら芸術の世界を追い求めます。

足利義政

> 乱世の将軍職はホントつらいよ。それに比べ、芸術は心を穏やかにしてくれるなあ

　10年にわたる戦の後、義政は将軍職を退き、その後の生涯をかけ慈照寺を建立しました。中でも**東求堂内の同仁斎**は、**日本初の四畳半**として、重要な意味をもつとされています。

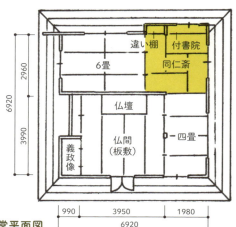

東求堂平面図

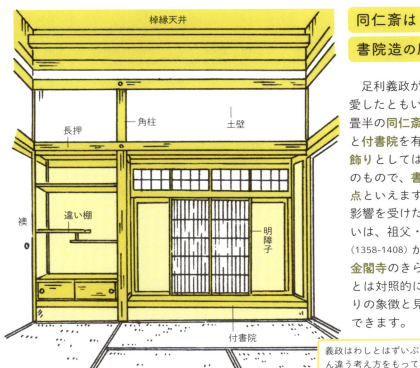

同仁斎は書院造の原点です！

足利義政がもっとも愛したともいわれる四畳半の**同仁斎**。**違い棚**と**付書院**を有する**座敷飾り**としては現存最古のもので、**書院造の原点**といえます。禅宗の影響を受けたその佇まいは、祖父・**足利義満**（1358-1408）が建立した**金閣寺**のきらびやかさとは対照的に、静や悟りの象徴と見ることができます。

義政はわしとはずいぶん違う考え方をもっておるようじゃな

足利義満

室町幕府3代将軍。室町時代にもっとも力をもった将軍で各地の守護大名を従えていた

同仁斎とは「聖人は一視して同人なり」、つまり「同じ人間に差別はない」という意味です。義政はこの室に気の合う仲間を招き、身分の隔てなく同じ時間を共有したいという想いが、生涯最後の願いだったのかもしれません。

身分の分け隔てなく人を招くという精神が四畳半という絶妙な空間を生み出しました。限られた空間における心の触れ合い。その重要性を、乱世を生き抜いた義政だからこそ深く実感していたのかもしれません。
そして、この美的感覚は脈々と現代まで受け継がれています。義政の想いの強さ・造詣の深さに**日本文化の原点**を見ることができるのです。

14 土間から高床へ
箱木千年家（室町後期）

関連・メモ 田の字プラン・民家
設計者 ——

箱木千年家

日本の伝統的な民家を見ると、土間と呼ばれる空間が建物の内部に入り込んでいます。

休むところは、下足を脱ぐ。履物を脱いだ方がキレイだし、床は高い方が湿気対策にもなる上、通風もよい

昔の人にとって、土間は農作業の準備、道具の手入れ、調理などをするため、大変便利な空間でした

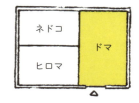

民家は地方によってさまざまなプランを見せますが、土間が必ずあります。

昔の日本では**土間**（地方によっては土座と呼ぶ）にもみがらを敷き、その床に薦を並べた床の上で生活していたこともありました。土間は徐々に**板張り床**へ移行していきます。

> 日本と同じ高温多湿の気候であるタイの民家でも、同じような形式が見受けられます

昔の日本の民家

> ムシロを敷いて寝ていた

タイ・チェンライ（ヤオメタム村）

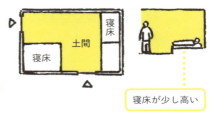

> 寝床が少し高い

西洋にはベッドがある

> ヨーロッパなどの国では、ベッドが生まれたことにより、床を上げる必要はありませんでした。湿気が少ないこともその大きな理由です

　近代に入ると、土間の面積はどんどん減っていきます。都会を中心に、農業をする必要が少なくなったためです。ですが、**下足を脱いだ状態で生活すること**は快適だったため、その習慣は残りました。昔とは比べものにならないくらい技術が進み、素材がどんなに新しくなっても、**プランは変わらない点**がとても面白いですね。玄関は土間から広間に上がる室内の変化を表したひとつの形式です。

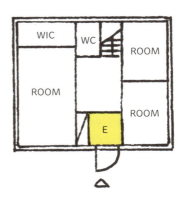

現代的住宅

> 下足で使える領域を大きくして便利にする

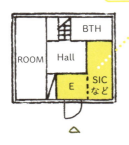

> 半屋外空間

　面白いことに、現代に入ると、再び土間的要素が復活してきました。**土間**を考え直せば、住まいに**半屋外空間**を取り込むことにつながり、住まいはさらに魅力的なものになるといえそうです。

15 侘び空間に見る日本美の原点
妙喜庵待庵（1582）

関連・メモ 茶室・侘び・数寄屋
設計者 千利休

妙喜庵待庵は、**千利休**(1522-1591)作として伝えられる現存唯一の茶室です。最大の特徴は、たった**二畳の極小空間**であること。なぜ利休は、このような空間を志向したのでしょうか……？

「**侘び茶の祖**」といわれる**村田珠光**(1423-1502)が登場する室町後期以降、茶室は**四畳半が基本**とされていました。珠光はそれまでスタンダードだった**六畳**を離れ、**四畳半**に新しい茶の湯の世界を求めた人物で、飾りを簡素化し、人と人との親密な触れ合いを重視する**侘びの精神**を志向しました。この珠光の侘び茶の思想を受け継ぎ、完成させたのが**千利休**です。その唯一の遺構とされる**待庵の間取図**を、四畳半の間取りと比べてみると、相当な割り切りがあったと想像できます。

床前（床の前の畳）は別格扱いされてきました。貴人畳もいわば客畳といえますが、貴人畳の方が床前なので格が高いのです

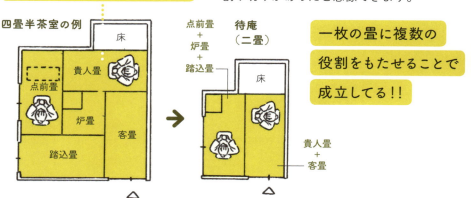

一枚の畳に複数の役割をもたせることで成立してる!!

このように見ると、四畳半から二畳へは**相当な飛躍!!**
それでもそれぞれの畳に**複数の役割を当てはめる**ことで、おもてなし空間としての機能はなんとか維持していることがわかります。

この限られた空間に身を置くことで、客と主人の心の交わりを深めることができる反面、もてなしのための道具や手段に制約が加わってきます。だからこそ、主人は創意工夫の面白さを追求できる、これを**侘びの心意気**とし、その体現を利休はめざしたのです。

待庵内観

天井面
天井面の板の方向を変えたり、高さに変化をつけている

限られた空間を
狭く感じさせない
利休の工夫！

柱
通常は柱が見えてくる場所だが、塗り壁で柱を隠している

床の間
二畳の小空間だからこそ、あえて床の間を残している

千利休（せんのりきゅう）
侘び茶を完成させたといわれる茶人・商人

　限られた空間を狭く感じさせない工夫も、随所に見られます。「**無駄なものをそぎ落とした美しさ**」は日本の美の特徴としてよく挙げられますが、利休が志向した侘びの精神とそれを実践した**待庵**に、たしかにその源泉を見ることができるのです。

045

松本城

殿様は面白いことを考えるの〜

16 突如誕生した城郭建築
松本城（1600頃）

関連・メモ　宮殿建築・石川数正
設計者

時代劇でおなじみの日本のお城。**城郭建築**といいます。安土城の天守など、1500年代から建てられはじめたという説が一般的です。なぜ、このような城郭建築が生まれたのでしょうか……!?

たとえば、お寺（仏教寺院）は中国から伝わってきました。民家は竪穴式住居から変化してきました。でも、歴史上、お城の前にお城はナイ（！）のです。

防衛のためか……

西洋の街は城壁に囲まれていて土地に限りがあった……。だから家屋はタテに何層も重ねたんじゃろう……

日本の集落に高い壁はないな。城下町だって、高い石造りの壁じゃない。家屋はヨコに広がっていくのう……

城壁で囲まれている

城壁なし！

西洋の家はタテに重ねる

桂離宮の例　ヨコにどんどん足している

考えれば考えるほどフシギ！

お城が寺社建築と大きく異なる点は、戦のために急いでつくる必要があったことです。そのため、**城郭建築**は**迅速に建てられる工法とそれを可能にする素材**でつくられました。急いでつくったとはいえ、お城にはお城にしかない魅力が満載です。なかでも**松本城**は**連結複合式五重六層！** 木造のお城はとても貴重で、国宝になっています。

松本城

鉄砲狭間から敵を狙う

石落しでよじ登ってくる敵に備える

自然石をそのまま積み上げた野面積み。水を排水しやすいメリット

石垣の中は軟弱地盤に対応できるようツガの丸太杭が！

さまざまな家紋は城主が幾度も変わった証

頑強な柱が高密度で並ぶ、重厚で迫力のある空間

戦のない江戸初期につくったといわれる。お城なのに開放的な月見櫓！

平和だと建築は平面的に伸びる傾向がある!?

関ヶ原の戦い以前（戦国時代）につくられているため、実用的かつ閉鎖的

松本城には、実際どうやって使っていたかわからない空間がまだまだあります。石落しは「実は鉄砲のためでは」など、想像を膨らませるのも楽しいですね。

こんなに面白いお城。やはり誕生秘話が気になります。織田信長の独自の発想・ヒラメキだったのでしょうか!? ヒントは1540年頃からはじまった**南蛮貿易**（1543-1641）にありそうです。

西洋には昔からお城がありました。貿易を通じてお城の話が伝わったとしても、不思議ではありません。

そして、日本はそれを**木造**でやったのです。

セゴビア・アルカエサル城

17 長押は時代に翻弄された
二条城二の丸御殿（1603）

関連・メモ 書院造・数寄屋
設計者 中井正清・正侶（棟梁）

みなさん、長押（なげし）ってご存知でしょうか？

「簡単です！ ハンガーかけるところですね！」
「なぜか和室にしかないんですよね〜」
「そうやって使っているかもしれませんが……」
「もともとの役目は違います！」

それでは、少し過去に戻ってみましょう。

いまから数十年前（明治〜昭和頃）、**和室**を立派につくることは、その家の「格」でもありました。長押などはその格を表す上でも重要なパーツのひとつでした。長押は**化粧材**ですから、いわば贅沢品です。

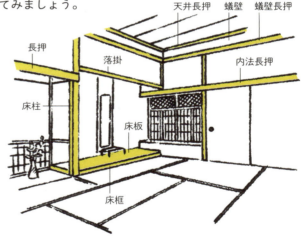

（天井長押、蟻壁、蟻壁長押、長押、落掛、内法長押、床柱、床板、床框）

「儲かったからやりたい放題やるんだ！」

力をもちはじめた江戸商人は幕府のいうことを徐々に聞かなくなっていった

みんながこぞって格式のある和室をつくりはじめたのは、**江戸幕府**によりたびたび発令された**奢侈禁止令**（しゃしきんしれい）が弱くなっていったためです。

では、そもそもどんな建築に使われていたのか。江戸時代につくられた**二条城**（にじょうじょう）を見てみると……

　二条城二の丸御殿は**書院造**です。徳川はその力を維持するため、長押や付書院、櫛形彫物、唐紙貼付などを禁止していたのです。

　書院造には**長押**があります。ここでは化粧材として「格」のある空間をかたちづくっています。また、現存する最古の書院造は**東求堂**（13参照）で、1485年に建てられました。では、それより以前の長押はどうなっていたのか……、読者のみなさんは覚えていますか？

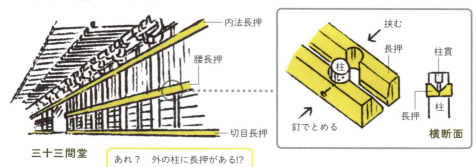

　そう！　**長押はもともと構造材**でしたね（10参照）。長押は寝殿造の頃から用いられていた可能性が高いとされています。
　再び現代に戻ると、長押レールなるものが活躍しています。完全に生活のお助けグッズ。もはや化粧材の役割もアヤシイ。時代によってその役目を変え続けてきた長押。また再び建築に堂々と返り咲く日は来るのでしょうか。

049

18 泣きたくなるほど美しい数寄屋

桂離宮（1615）

桂離宮

関連・メモ 茶室・八条宮智仁親王
設計者 ——

数寄屋とは何でしょうか？

> 数寄屋ってよく聞くけど、わかるようでわからない……

> 和風住宅とどう違うの？書院造とどこが違うの？

そうですよね。では、**数寄屋**がどのように生まれたか、歴史を紐解いてみましょう。

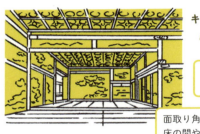

キッチリ！ピッチリ！

> うーん、緊張するなあ……

> 面取り角柱、長押、床の間や違い棚が生まれたんだね……

書院造は格式を重んじ、対面・接客の機能を重視！ 現存する書院造の中でも格式高くつくられているものが**二条城二の丸御殿**です（17参照）。

ですが、あるとき、そのかたさを崩す人物が現れました。

> 茶を楽しむ場がほしいのう

> お金をかけなくても美はつくれるのじゃ

そう、**千利休**です（15参照）。そして、できあがったのが待庵に代表される**茶室**！ 千利休はあえて**書院造**のかたちを崩し、不完全なものの中に美を見出したのです。

> ちなみに数寄屋のグレードは真・行・草で表せられるよ！

待庵は奥が深い〜

> 書院より個性が出せるから楽しそうだな……

> すごい！真似しよう！

書院造はルールが強すぎました。一方、**数寄屋**は**丸柱**や**曲木**なども使うようになり、開口部の配置や天井、壁、床といった各部の組み合わせが**圧倒的に自由になった**のです！ これにより、建築の可能性が一気に広がりました。

こうして生まれた数寄屋の最高傑作が桂離宮！

大きく・太く・強く見せず、より軽快に、よりやわらかく、より自由に！

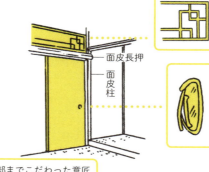

面皮長押
面皮柱

細部までこだわった意匠

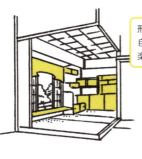

形式にとらわれず、自由な組合わせで楽しむ工夫を！

壁や天井を開口部などで自由に分割して楽しむ！　素材自体のかたちを活かして空間をつくっている

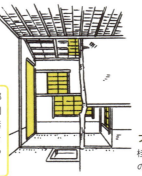

泣きたくなるほど美しい

ブルーノ・タウト
桂離宮を称賛し、その美しさを世界に広めたドイツ人建築家

桂離宮は八条宮智仁親王（1579-1629。後陽成天皇の弟）のための別邸です。建物は高価な材を使えばよいというものではありません。そこで大工さんはこぞって腕を競いました。さらにどうしたら奥深い空間が現れるか知恵を絞りました。そして、障子に映る樹々の影、聞こえる音、活けられた花などから外に広がる無限の世界への連想ができる豊かな空間をいくつもつくり出したのです。これは知恵ですから、本来お金がかかることではありません。

たとえばこれも数寄屋！

そうかもしれないけどバランスが……。美しくないよ……

太すぎる柱！

高価な材を使えばよいというものではありませんよね

数百年前に生み出された数寄屋の傑作、桂離宮。建築家**ブルーノ・タウト**(1880-1938)をはじめ、多くの人々を感動させた源泉は**日本人の感性**でした。数寄屋の本来もつ理念そのものは、現代においても日々の生活をより彩り豊かなものにしてくれるでしょう。

19 有楽囲いという唯一無二の独創性

如庵（1618）

関連・メモ　茶室・書院造・台目講・板入
設計者　織田有楽斎

　織田有楽斎（1547-1621）は、織田信長の実弟で、信長没後も秀吉・家康の時代を微妙な立場で生き延びた、利休以降「もっとも優れた茶室を残した茶人」ともいわれています。

　織田有楽斎による**如庵**は、それまでの茶室の常識を覆した秀作です。では、どこがすごいのかを見ていきましょう！

　一般的に茶室の広さは**畳数**で呼称します。四畳半や六畳などがその例です。
　また、茶室に接するかたちで中柱袖壁で仕切られた**点前畳**を付す場合があります。これは**台目構**と呼ばれており、広さを呼称する場合は畳数表示に**台目**と続けます。**四畳台目**はその例です。

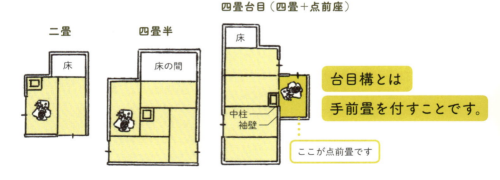

　有楽斎作の**如庵**をこの方式で呼称すると……、**二畳半台目板入**となります。
　えっ、**板入**って……!?
　そう。これこそ、それまでになかった**有楽斎の独創性を表すキーワード**です！

有楽斎は、二畳半や一畳半などは「客を苦しめるもの」とし、「三畳半をよし」としていました。晩年作の如庵も二畳半に点前畳が足されています。このままでは二畳半台目となるところですが、有楽斎はそこから床の間脇の板入を足したのです。この場所に板を敷き込むことで、点前座と客座の動線を円滑にし、かつ視覚的な広がりも与えています。

如庵 平面図

あえてデッドスペースをつくる有楽斎はなんとも大胆です。

　そして、板入も「半分で足りる」と有楽斎は考え、残り半分を斜め壁で囲い込んでしまいました。これが、有楽囲いといわれる部位です。
　このようなあえてデッドスペースをつくる方法はなんとも「もったいない」と考えてしまいがちですが、ここに有楽斎の自由な発想と独創性を読み取ることができます。

　実は、如庵以外には、この有楽囲いを見ることはできません。有楽斎はその都度発想し、多彩なスタイルの茶室に挑み続けたとされる茶人です。有楽囲いも「茶室とは」を突き詰めた結果、生まれたに違いありません。過去にこだわらず、常に創造していく。一見、破天荒にも見えるこの独創性は、実は「茶の湯は客をもてなすもの」というブレない思想を礎としてこそ発揮されていたのです。

織田有楽斎

武将、茶人。織田信長の弟。茶を千利休に学び、有楽流をひらいた

053

密庵席

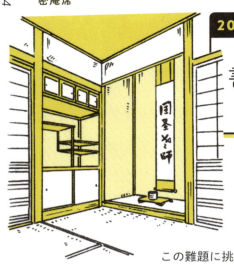

20 台目構がもたらした書院造と茶室の融合
密庵席（1624）

関連・メモ　茶室・書院造・台目構
設計者　小堀遠州

　江戸時代に入り、**茶の湯**のすそ野が広がる中で、「日常的に茶の湯を楽しみたい」という要請が主に武士階級から出てきました。この難題に挑んだのが、**小堀遠州**（1579-1647）による**密庵席**です。なぜ難題なのかといえば、武士階級の住宅形式であった**書院造**は、すでに一定の形式が確立されており、お茶を点てるための炉などを不用意にもち込むと、それは書院造とはみなされないおそれがあったからです。

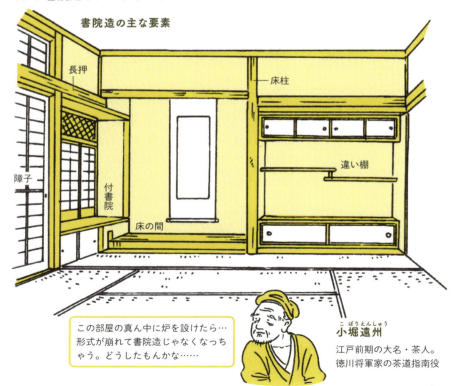

書院造の主な要素

長押／床柱／障子／付書院／床の間／違い棚

この部屋の真ん中に炉を設けたら…形式が崩れて書院造じゃなくなっちゃう。どうしたもんかな……

小堀遠州
江戸前期の大名・茶人。
徳川将軍家の茶道指南役

密庵席 平面図

　それでも、主人が客の目の前で茶を点てることができなければ、茶の湯にはなりません。そこで遠州は、**点前座**(茶を点てるスペース)を部屋の附室のように隣接をさせました。こうすることで、書院造の雰囲気を損なわずに、**茶室と融合**することに成功したのです！

点前座と付書院のコラボ！
小堀遠州が台目構を書院に持ち込んだ成果です。

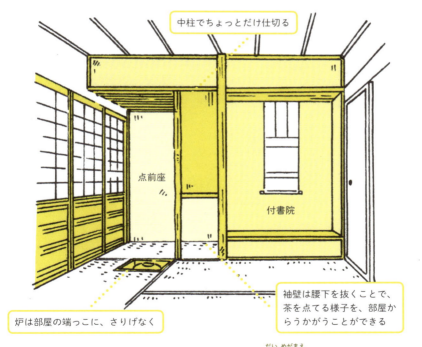

　先にも見たように、この点前座(畳)の形式は**台目構**と呼ばれており、小堀遠州より前の**千利休**の時代、茶室ではすでにたびたび試されていました(19参照)。当時さほど流行らなかったこの形式ですが、**小堀遠州が書院造にもち込んだことで**、その後の**書院造の可能性を大きく広げた**といわれています。

21 伽藍配置から東照宮を読み解く
日光東照宮（1636）

関連・メモ　日光山・軸線・徳川家康
設計者　甲良宗広（棟梁）

日光東照宮（陽明門）

日光東照宮は徳川家康（1543-1616）を祀る神社として、家康本人の遺言により建立されました。家康の遺言とは、「遺体は駿河国の久能山に葬り、……一周忌が過ぎてから、下野の日光山に小堂を建てて勧請せよ」というものです。ではなぜ、家康はそのような遺言を遺したのでしょうか？

主要地位置図

家康は、徳川政権の永続のみならず、幕府の安定・日本の平和維持を強く願っていました。再び戦乱の世に戻らないようあらゆる施策を施し、その仕上げが、「神に祀られ国を守る」ことであったといわれています。

家康没後、遺言どおり、まず久能山に葬られました。久能山の墓（神廟）は**西向き**に設置されていますが、久能山は北緯34度57分であり、同じ緯度を西に辿ると、三河国の鳳来寺山、岡崎を経て京都に至ります。岡崎は**家康生誕の地**であり、鳳来寺山は家康の**実母が子授けの祈願をした**とされ、いずれも**家康のゆかりの地**です。

この**東西軸**というのは春秋分における日の出・日の入の方向で、古来よりさまざまな意味づけがされてきました。生誕地の同緯度上に埋葬されることで、太陽と同じように生死を繰り返す「神としての再生」を家康が意図したと読み取ることができます。

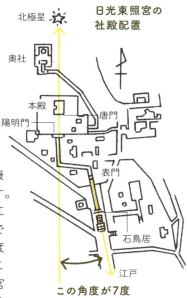

そしてその1年後、**日光東照宮**が建立され、家康が分祀されます。日光は**江戸のほぼ真北**にあります。**北極星の軸線上**に**東照宮**が鎮座することにより、江戸は「宇宙を司る神」に守られることとなったのです。「ほぼ真北」と書きましたが、江戸は東経139度45分、日光東照宮は東経139度36分、経度9分、これは角度にして**約7度の差**があります。日光東照宮の社殿配置は、この角度差に対しても配慮が読み取れるのです！

東照宮の主要な社殿である**陽明門・唐門・本殿**（1636）は真北軸上に南面して建っていますが、**表門**から石鳥居を経て南下する参道は真南から**約7度東**に寄っており、こちらは**江戸**を向いているのです。

また、**久能山**と**日光**の軸線上に**富士山**が位置することも特筆すべきかと思います。久能山と日光はお互いを見通すことはできませんが、富士山を望むことで軸線上に互いの存在を確認することができるのです。**久能山東照宮**（1617）の社殿は、**富士山から日光に至る北北東の軸線上に配置**されており、そのことが意識されていたことをうかがい知ることができます。

このように見てくると、家康は、以後の天下泰平を真に願い、あらゆる**コスモロジー**（宇宙論）を駆使しながら、その実現を志したことが見て取れます。その後の150年にわたる徳川幕府の安定政権は、この家康の執念ともいうべき強い想いに支えられていたのかもしれません。

22 すべての開口部に意味を
曼殊院八窓軒(1656)

関連・メモ　数寄屋・茶室・千利休
設計者　──

曼殊院八窓軒

開口部

開口部とは、部屋に設けられた窓や戸の部分をいいます。通常、住まいの開口部は、光や風を取り込むためや、出入りのために設けられます。

しかし、いまから数百年前のある空間に設けられた開口部によって、開口部は採光・通風・出入り以外の意味をもつようになりました。きっかけは茶道(茶の湯)でした。

茶の湯のあれこれ

茶道とは、「茶を点てる作法により精神を修養する」という千利休が大成した思想です。江戸時代、設計者は茶にふさわしい場の演出と意味を開口部によってもたらすことを考えました。

その中でもひときわ開口部に特徴のある茶室が曼殊院八窓軒です。

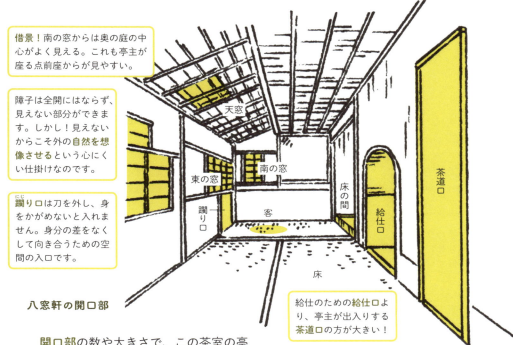

借景！南の窓からは奥の庭の中心がよく見える。これも亭主が座る点前座からが見やすい。

障子は全開にはならず、見えない部分ができます。しかし！見えないからこそ外の**自然を想像させる**という心にくい仕掛けなのです。

躙り口は刀を外し、身をかがめないと入れません。身分の差をなくして向き合うための空間の入口です。

給仕のための**給仕口**より、亭主が出入りする**茶道口**の方が大きい！

八窓軒の開口部

開口部の数や大きさで、この茶室の亭主が「どんな空間にしたかったか」をうかがい知ることができるのです。

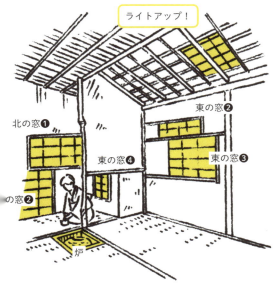

亭主のいる**点前座**（てまえざ）はまさに舞台の中心！　あらゆる開口部からさまざまな光が亭主の茶を点てる行為を照らします。なかでも東の窓は繊細な表情を見せてくれます。じーっと見ていると、障子に淡いピンクや鈍い緑が微かに浮かんで見えるのです。この窓を**虹窓**（にじまど）といいます。

四季、時間の移ろいとともに光と外部の自然は変化し続けます。この茶室には、二度と同じ空間は現れないのです。繊細な日本人の感性が生み出した空間といえるでしょう。借景、開口部のバランスの美しさ……、現代の住まいでも**茶室**に学べば、**開口部**の奥深い意味をさらに知ることができるでしょう。

059

白川郷合掌造

23 扠首組みによる屋根裏の大空間
白川郷合掌造（江戸中期）

関連・メモ　和小屋・養蚕・結
設計者　――

手のひらを
合掌させたかたちに
似ています

　扠首（組み）構造は合掌造ともいいます。この合掌造は世界遺産である白川郷などで見ることができます。でも、なぜ、白川郷では扠首構造が用いられたのでしょうか？

　白川郷が歴史に登場するのは、鎌倉初期の1253年（親鸞聖人の弟子が浄土真宗を布施してから）。白川郷のある地域では古くから養蚕が集落の暮らしを支えていました。養蚕には大きな空間が必要です。

糸車

まゆ

できるだけおお～きな空間が望ましい

　また、豪雪地帯でもあったため、雪が少しでも落ちやすいように急こう配の屋根にする必要がありました。

雪が落ちやすい　　重い

和小屋　　この屋根裏は使いにくい

　和小屋では小屋束や貫があり、屋根裏が使いづらいため採用されませんでした。

> こうした背景から、扠首構造の屋根裏大空間が生まれました！

　この屋根には建築を頑丈に、長持ちさせる知恵が詰まっています。

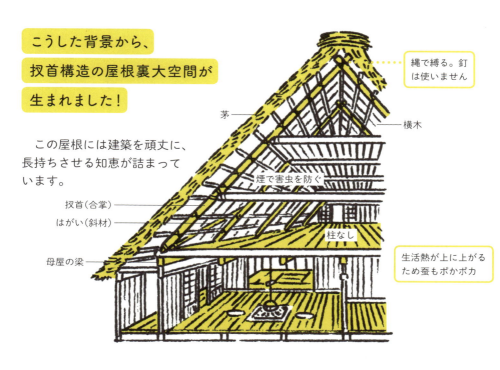

- 縄で縛る。釘は使いません
- 茅
- 横木
- 煙で害虫を防ぐ
- 扠首（合掌）
- はがい（斜材）
- 柱なし
- 母屋の梁
- 生活熱が上に上がるため蚕もポカポカ

扠首と横木、はがいは縄で縛っています。金物を使わないことで弾性が生まれ、雪や風の力をしなやかに逃がせるのです

屋根の骨組の扠首は、梁に載っているだけです。これにより強風の揺れが下部の母屋に伝わりづらいのです

　また、これほどの大きな建築。村人同士の結束がとても重要でした。それを可能にした共同体を、結（ゆい）といいます。

結による茅葺屋根の葺き替え

　このように、白川郷の扠首組みは多くの必然から生まれました。この屋根の連なりは周囲の山々と呼応するように、美しい風景となっています。集落の人々の暮らしを支えるための「用途」に対応し、構造的な「強度」を確保し、自然と調和した「美しさ」をもつ白川郷は、世界に誇るべき日本の宝といえるでしょう。

旧閑谷学校

24 国宝になった寺子屋
旧閑谷学校（1701）

関連・メモ 学校建築・池田光政
設計者 津田永忠

　江戸前期に建てられた旧閑谷学校（講堂）は、現存する日本最古の庶民のための学校です。学校建築としては唯一国宝に指定されています。

　岡山藩の初代藩主であった池田光政（1609-1682。備前岡山藩初代藩主）は儒学に力を入れていました。武士の子弟のみならず、庶民のための学校として寺子屋（手習所）を藩内に100か所以上設けられました。旧閑谷学校もそのひとつ。当時は他の寺子屋と同様、茅葺き屋根の質素な建物でした。

　池田光政の引退以降、藩の財政が厳しくなるにつれて寺子屋は閉鎖されていきましたが、唯一閑谷だけは残されました。これは「閑谷を後世まで廃さずに残してほしい」という池田の遺言によるものでした。大願を引き継いだ岡山藩士・津田永忠（1640-1707）は、この地に豪壮かつ堅牢な講堂を建てることで、その想いを具現化しようとしたのです。

軒先には瓦から漏れた雨水を排出するための管。瓦のみならず、この管も備前焼

備前焼の排水陶管

　そこでまず津田永忠が目を付けたのが、地元の産業、器や装飾品に使われていた備前焼でした。備前焼は高い温度で焼き締めるので耐久性が高く、釉を使わなくても水が吸い込みにくいという特徴があります。

　現在使われている約2万3千枚の瓦のほとんどが破損することなく、当時のまま使用されています。通常の瓦の寿命が60年ということを考えると、備前焼の瓦がいかに優れているかがわかります。

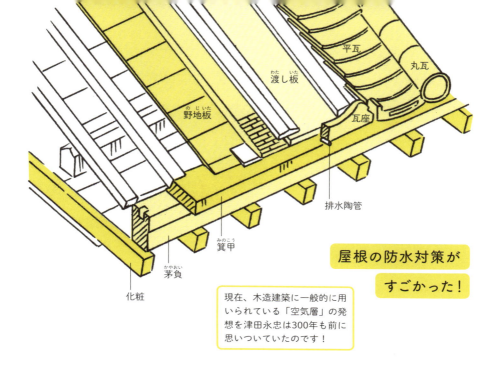

屋根の防水対策がすごかった！

現在、木造建築に一般的に用いられている「空気層」の発想を津田永忠は300年も前に思いついていたのです！

　旧閑谷学校の屋根がすごいのは備前焼の瓦だけではありません。木材の腐食を防ぐため、**画期的な防水対策**が施されていたのです。

　通常の屋根は、**野地板**と呼ばれる下地板の上に薄い板を何枚も重ねたものを並べて水の侵入を防いでいます（＝土居葺）が、旧閑谷学校ではその上にさらに、**渡し板**と呼ばれる立派な板が設置されており、さらに板のつなぎ目には**漆を塗り**、**下層に雨水が侵入しないよう**工夫がなされています。

　また、その上に瓦を設置する際、座りをよくするために土を載せるのが通常ですが、ここでは**土を一切用いていません**。土は水分を吸いやすいため、ここに湿気が溜まると木材が傷む原因となります。ここでは土の代わりに**木材で台座**をつくり、瓦を設置しています。

　さらに、瓦から漏れてきた雨水が渡し板の上に溜まるのを避けるため、軒先に**備前焼製の排水投管**（前ページ）を設置し、雨水を外部に排出する工夫までされているのです。

　このようにして、1701年に**講堂**は完成。以後、300年以上にわたり今日まで現存し、池田光政の大いなる願いを実現し続けています。

津田永忠

1682年に池田が没後、聖堂や講堂の改築、石塀や門の設置など閑谷学校の再整備を行った

063

25 境界を曖昧にする変幻自在の建具
掬月亭（1745）

関連・メモ：開口部・しつらい
設計者：—

　どこから見ても正面といえる**四方正面造**で池に浮かぶように建てられている**掬月亭**。大名庭園だった「栗林公園」内にあります。外周部にぐるりと縁側が廻らされ、三方向の建具を開放することができ、内と外が曖昧な伝統的日本建築の特徴が凝縮されているといっていい名作です。

大開口を可能にする軸組構造

　伝統的な西洋建築は煉瓦・石・ブロックなどを積み上げて造られた厚い壁全体で荷重を支える**組積造**で、その壁に開口部を開けていくので大きな窓がつくれません。一方、伝統的な日本建築は柱と梁によって構造が成立する**軸組構造**なので、柱・梁以外は開口部にすることができます。

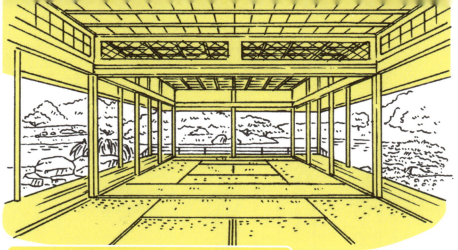

景色の移り変わりを楽しむ開放的な空間

柱と柱の間いっぱいに開けられた**大きな開口部**によって、室内にいても美しい庭の景色が広がります。開口部には**建具**が設けられているので、開ければ明るく風通しのよい空間、閉じれば光も風も遮ることができます。

可変的空間を実現させる多様な建具

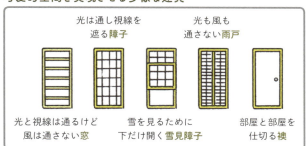

| 光と視線は通るけど風は通さない**窓** | 光は通し視線を遮る**障子** | 雪を見るために下だけ開く**雪見障子** | 光も風も通さない**雨戸** | 部屋と部屋を仕切る**襖** |

開口部に設けられる伝統的な建築の**建具**は実に多様で簡単に開閉ができます。それにより昼と夜、四季の移り変わりや天候の変化に応じて調整することができるのです。

雨戸廻り

建物の周囲に廻らされた雨戸は隅で方向転換可能なつくりをしています

月を直接見るのではなく、池に映った月を眺めるのはいいのじゃよ

これぞ日本人の心！

掬月亭の語源は「水掬すれば月手中にあり」という中国唐時代の詩とされています。**池に映る月を眺める**ための空間でもあったのです。

065

26 田の字プランに見る部屋ごとの役割
旧田中家住宅（江戸後期）

旧田中家住宅

関連・メモ　民家・箱木千年家
設計者　──

小規模で典型的な民家だね。この規模の保存事例は意外と少ないのよ

民家の間取りは、さまざまな地域性によるバリエーションがあるものの、もっとも代表的とされているのが、田の字プランと呼ばれる間取りです。

旧田中家住宅（現板橋区立郷土資料館）は、その中でも間取りや規模の上で江戸時代の標準的な事例とされています。入口に面して広く土間をとり、4部屋を有しています。ここで着目したいのは、部屋名の名づけ方です。

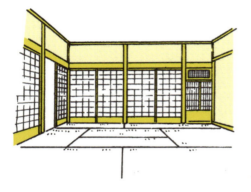

では、具体的に室名を見ていきましょう。もっとも格式の高いざしき（座敷）の語義は、「昔の屋内は板張りで、縁座などを敷いて座った」ことにあり、特別な場所には座を敷いて、その格式を維持していたことがわかります。おく（奥）は、「内へ深く入ったところ、外面から遠いところ」という意味ですので、住宅に置き換えると「入口からもっとも遠い場所」という意味をもっています。

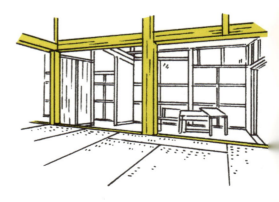

> 部屋名からどう使い分けていたかが推測できる！

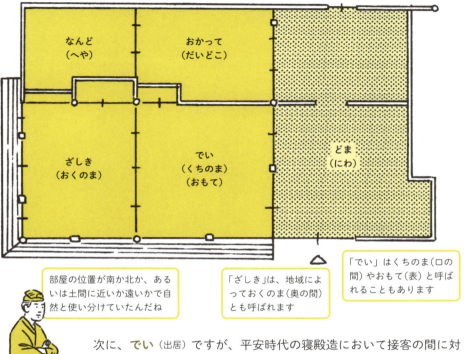

平面図と部屋の呼称 （カッコ内は他の地方でよくみられる呼称）

部屋の位置が南か北か、あるいは土間に近いか遠いかで自然と使い分けていたんだね

「ざしき」は、地域によっておくのま(奥の間)とも呼ばれます

「でい」はくちのま(口の間)やおもて(表)と呼ばれることもあります

　次に、**でい**（出居）ですが、平安時代の寝殿造において接客の間に対して使われた呼称で、**「家長が本来の場所から出てきて客と会うこと」**に由来しています。この民家においても、座敷と入口の間に挟まれた位置関係から、**接客の間**として使われていたことがわかります。

　北西の**へや**は**なんど**とも呼ばれます。「なんど」は、襖などの戸を収める場所の意です。季節に応じ襖替えの風習があったため必然的に必要となる場所です。ここには戸以外のものも同時に収納され、**就寝**にも使われるケースがほとんどです。**おかって**は**だいどこ**（台所）とも呼ばれます。「台」は**食べもの**を表しますので、食事をする場所、その延長として**家族の場所**として使われていました。

　このように見ますと、単純に見える**田の字プラン**にも、部屋ごとに随分性格が異なることがわかります。その部屋の入口からの距離やしつらえなど、江戸時代の人々はその空間の特徴を気にしながら、部屋を使い分けていたということが、よくわかると思います。

近代

大浦天主堂

27 日本最古の教会は**ゴシック**でつくられた
大浦天主堂（1865）

関連・メモ	ロマネスク・バロック・擬洋風建築
設計者	ジラール神父、プチジャン神父

ゴシックって何だろう？

「教会」と聞くと、ヨーロッパなどの石造のイメージをもたれる人が多いのではないでしょうか。たとえばケルン大聖堂。**ゴシック**でつくられています。

ゴシックとは建築のかたちの特徴です。ゴシックは建築に限らず、美術などにも使われる用語です。

ケルン大聖堂

ゴシック建築の特徴
⇒ ❶尖塔アーチ
⇒ ❷交差リブヴォールト
⇒ ❸フライング・バットレス

ロマネスクとゴシックの比較
ロマネスク　重い！厚い！
ゴシック　軽やか〜

ゴシック建築はそれまでの**ロマネスク建築**に比べて高くそびえる塔や内部空間の**垂直性**が強調されるつくりが可能になりました。重厚な石の部分が窓になり、神々しく神秘的な光が高い位置から降り注ぐようになったのです！　ゴシック建築は、パリを中心に放射状に広がっていきました。

1865年、日本にも**教会としてゴシック建築**がつくられました。それが**大浦天主堂**（正式名称は日本二十六聖殉教者聖堂）です。つくらせたのはフランス人宣教師の**ジラール神父**（1821-1867）です。ちなみに木造です。

サント・シャペル大聖堂
ステンドグラスの教会によって、文字が読めない人も教えの内容がわかる！

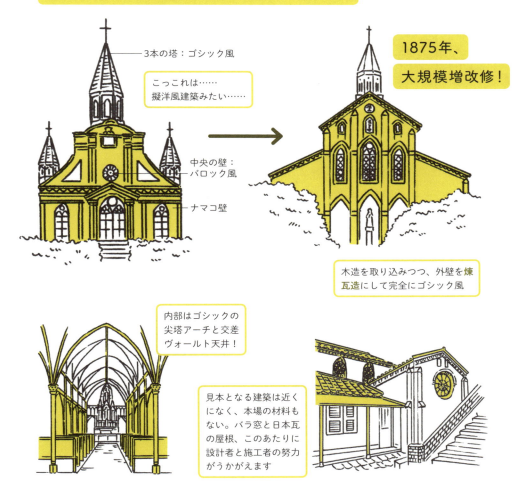

　1875年の大規模改修の際、外壁を**煉瓦造**にして、ようやくゴシック風にまとまりました。外壁表面は漆喰などに覆われていて、煉瓦は表面に露出していません。煉瓦を意匠材として意識せず、**石造を模した**結果です。

　国も材料も大工の技も違うため、本場のゴシック建築とまったく同じにつくるのは困難でした。しかし工夫して知恵を絞りながら、少しでも教会にふさわしい姿を模索してつくりあげました。世界を見渡すと近代以前の建築は信仰のエネルギーが込められているほど、後世にまで残っているものが多いと気づかされます。

富岡製糸場

28 木骨煉瓦造が世界遺産になった
富岡製糸場（1872）

関連・メモ　擬洋風建築・ベランダ
設計者　エドモンド・バスチャン

木骨煉瓦造の富岡製糸場は、なぜできたのでしょうか……？

明治維新によって開国した日本は、外国と対等な立場になることが急務でした。産業や科学技術の近代化を進めるためには資金が必要です。そこで力を入れたのが**生糸の輸出**だったのです。

なるほどね〜。ところで、なぜ木骨煉瓦造でつくったの？

いい質問です。実は、木骨煉瓦造は日本に**昔からあった構法ではありません**。でも西洋の民家を見ると、木造の骨組みの間に煉瓦を詰めた例がたくさん！

設計者の**バスチャン**はフランス人なので、富岡製糸場も同じ考えでつくられたといいたいところですが、まだナゾがあります。西洋の木骨煉瓦造を見ると、柱の本数がとても多い。**斜材**があることも多く、とても富岡製糸場のような整然とした表情のベースとは思えません。

ここで、目線を変えてフランスの駅舎を見てみると、すっきりとした**鉄骨煉瓦造**であることがわかります。

木骨煉瓦造の住宅

西洋では柱や斜材がとても多い

鉄骨煉瓦造の駅舎

それで、**西洋の建築と日本伝統の木造技術が融合したのです**！

明治初頭の大変革の時代に生まれた富岡製糸場には魅力がいっぱい！

西置繭所 — 日本にはなかった高床式のベランダが登場

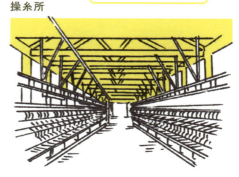

操糸所 — トラス構造によって柱なしの大スパン空間が誕生

操糸所 — 屋根は日本製の瓦

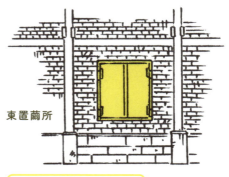

東置繭所 — 鉄枠や観音開きのドアのちょう番などはフランスより輸入

　2014年、**富岡製糸場**は**世界遺産**に登録されました。技術革新によって**工場建築**はどんどん増改築されることが多いですが、富岡製糸場はすべて**建設当時のまま残っている**という稀な存在で、とても貴重です。さらに柱・梁という構造、材料を美しく見せるという**モダニズム建築**の原理に則っていることも忘れてはなりません。

　実は、「工場建築を世界遺産にするのは難しい」と考える人も少なくありませんでした。それでも世界遺産に登録されたのは富岡市を中心に多くの方々が尽力したからにほかなりません。保存修復をしながら文化的価値を高めるため、富岡製糸場はこれからも時を刻んでいくでしょう。

旧開智学校

29 文明開化の象徴（シンボル）
擬洋風建築
開智学校（1873）

関連・メモ　ベランダ・煉瓦組積造・西洋館
設計者　立石清重（棟梁）

　みなさんの学校はどんなかたちでしたか？
きっとこんな学校が多かったのではないでしょうか。
でも、江戸時代は全然いまと違っていました。

> 僕の学校はコンクリートでできています！

> 木造でござる。柱や梁は現し。漆喰壁、さらには瓦屋根！

現代の学校　　　　　　　　　　江戸時代の学校

　寺子屋や藩校で多くの人々が学んでいました（24参照）。
いったい、いつ変化がはじまったのでしょうか？

　きっかけは、明治5年の**学制発布**です！　とにかく**明治政府は欧米列強国**に追いつきたかった。そこで、基礎教育のために**小学校の設立・普及**を急務としたのです。

　これを機に小学校をはじめとして、公共施設も新しい時代にふさわしい建物をめざし、**西洋館**が建ちはじめます。なかでも教育熱心な長野県では、どこにも負けない小学校をつくろうと棟梁の**立石清重**（1829-1894）に建設を依頼します。

> 西洋館といわれても見たことないしなぁ……

立石清重（たていしせいじゅう）
江戸末期から明治にかけて活躍した大工棟梁

> 東京と山梨にあるらしいから、見に行ってみるか！

当時の人々にとっては、働き手が減るため反発もあった

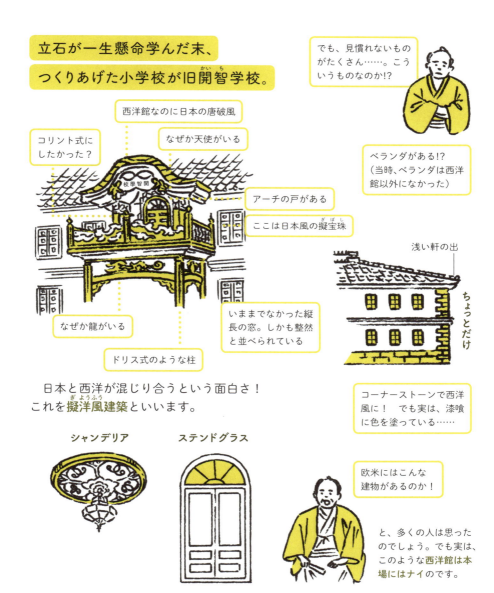

立石が一生懸命学んだ末、つくりあげた小学校が旧開智学校。

でも、見慣れないものがたくさん……。こういうものなのか!?

西洋館なのに日本の唐破風

コリント式にしたかった？

なぜか天使がいる

ベランダがある!?（当時、ベランダは西洋館以外になかった）

アーチの戸がある

ここは日本風の擬宝珠

浅い軒の出

ちょっとだけ

なぜか龍がいる

いままでなかった縦長の窓。しかも整然と並べられている

ドリス式のような柱

日本と西洋が混じり合うという面白さ！これを**擬洋風建築**といいます。

コーナーストーンで西洋風に！ でも実は、漆喰に色を塗っている……

シャンデリア

ステンドグラス

欧米にはこんな建物があるのか！

と、多くの人は思ったのでしょう。でも実は、このような**西洋館は本場にはナイ**のです。

　立石の気概に満ちた**旧開智学校**は、周辺地域の大工棟梁に大きな影響を与えました。近郊には類似した建築がいくつも見られます。そんな**擬洋風建築**ですが、明治も20年を過ぎると、つくられなくなっていきます。

　数十年という短い期間だったからこそ、**擬洋風建築**には不思議な力があります。そこに秘められた背景・ストーリーを知ると、建築はより面白くなっていきます。いまも昔も、建築には時代を象徴する力があるといえるでしょう。

旧岩崎邸

30 ベランダは残り続ける
旧岩崎邸（1896）

関連・メモ　西洋館・擬洋風建築・煉瓦組積造
設計者　ジョサイア・コンドル

旧岩崎邸は、1896年にイギリス人建築家**ジョサイア・コンドル**によって建てられました。旧岩崎邸は建築家がつくったもののうち、日本に現存する**ベランダのある西洋館**としては最古のつくりです。

ジョサイア・コンドル
イギリスからやってきて、日本で活動した日本初のお雇い外国人建築家。創成期の日本人建築家を育成し、明治以後の日本建築界の基礎を築いた

現代の住まいを見ると木造一戸建て住宅やRC造のマンションには、当たり前のように**ベランダ**がついています。なお、建物と一体のものを**ベランダ**、突き出たものを**バルコニー**といいます。

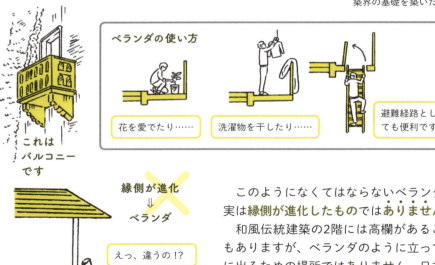

これはバルコニーです

ベランダの使い方
花を愛でたり……
洗濯物を干したり……
避難経路としても便利です

縁側が進化
↓
ベランダ
×
えっ、違うの!?

このようになくてはならないベランダ。実は**縁側が進化したもの**では**ありません**。
和風伝統建築の2階には高欄があることもありますが、ベランダのように立って外に出るための場所ではありません。日本の民家はそもそも平屋ばかりでした。町屋にもベランダはありません。

明治時代、ヨーロッパから**西洋館**が入ってきたとき、**すでにベランダが付いていました**。しかし本家のヨーロッパの洋館には、ベランダは**ありません**。

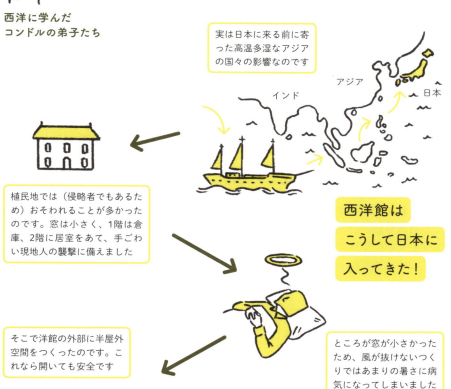

風通しは抜群で、食事や昼寝ができるなどベランダがあるおかげで、生活がはるかに快適になりました！ なお、1階も開放的にできたのは、イギリスの支配権が確立した頃です。

かくして**ベランダ**は日本に入ってきました。建築はその土地の気候風土と社会背景によって変化していくということが、よくわかる一例といえます。

銘苅家住宅

31 琉球民家の心地よさに雨端(あまはじ)あり
銘苅家住宅（1906）

関連・メモ　民家・箱木千年家・旧田中家住宅
設計者　――

沖縄本島から少し離れたところに伊是名島(いぜなじま)があります。島には五つの集落がありますが、その中の伊是名集落に銘苅家(めかるけ)住宅はあります。伊是名集落は、赤瓦屋根の民家、サンゴを積んだ石垣、フクギ並木など沖縄の伝統的な集落景観の中に、古い風習や行事など人々の生活が色濃く残っている集落です。銘苅家は琉球王国の王であった尚円王の叔父の子孫で、代々島の地頭職を務めた旧家です。

伊是名集落

沖縄本島

集落のフクギ並木

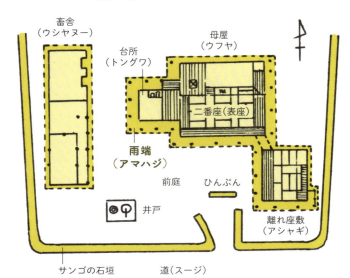

畜舎（ウシヌヤー）
台所（トングワ）
母屋（ウフヤ）
二番座（表座）
雨端（アマハジ）
前庭
ひんぷん
井戸
離れ座敷（アシャギ）
サンゴの石垣
道（スージ）

銘苅家住宅の構成

敷地中央に母屋（ウフヤ）と台所（トングワ）からなる主屋、南西に離れ座敷（アシャギ）、西の端に畜舎（ウシヌヤー）があります。ウフヤとトングワとアシャギは、ひとつながりの寄棟屋根が架けられ雨端（アマハジ）でつながっています。

雨端は人と人とが出会う場所。

東京から来ました
どこから来たの？
まあゆっくりしていって

前庭　雨端（あまはじ）　縁側　二番座

生えていたままの姿で立てられる柱

雨端に使われる柱は、**イヌマキ（チャーギ）**と呼ばれる木です。沖縄では主要な建材であり、強度や耐久性に優れています。自然に生えた木の根元は、特に水に強く、雨端柱には最適の材料です。

イヌマキの柱

銘苅家の主屋の雨端柱はあえて製材せず、自然に生えていたままの姿で用いられています

雨端は雨や強い日差しを遮りながら通風を確保する、奥行きが**半間ほどの軒下空間**です。沖縄の民家には、玄関がありません。近所の人などは、**二番座**（表座）から直接出入りをします。また、伊是名島には、「イヒャジューテ」という古い風習があります。これは、「誰でも気軽にどうぞ休んでいってくださいね」という意味であり、二番座の前の縁側の部分に、さんぴん茶とお菓子をお盆に載せて置いておきます。**人と人が出会う空間**なのです。

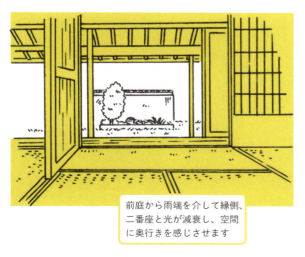

前庭から雨端を介して縁側、二番座と光が減衰し、空間に奥行きを感じさせます

二番座の奥に座って、明るい前庭を見ると、光が反射して、軒裏の細い竹や垂木が浮かび上がるのが見えます。琉球民家の心地よさに**雨端**はなくてはならないものなのです。

32 豪華絢爛なネオバロックの大宮殿

赤坂離宮（1909）

関連・メモ ゴシック・ロマネスク・城郭建築
設計者 片山東熊

赤坂離宮

ヴェルサイユ宮殿
石造、バロック様式

海外旅行をすると、さまざまな宮殿建築を見ることができます。「宮殿」とは、（一般には）王族・皇族などの君主が居住した御殿です。

京都御所

全然見た目が違うね

日本でも歴代天皇が居住した建築があります。代表的なもののひとつは京都御所です。儀式などが行われた紫宸殿は木造の寝殿造で、シンプルな構成美があります。

日本と西洋の宮殿はあまりにもそのつくりが違います。1909年に建てられた赤坂離宮は西洋の宮殿に似ていますね。いったいどのような理由でつくられたのでしょうか。

きっかけは、明治維新です。

東京奠都により、江戸が皇居となりました。新しい宮殿として、和洋折衷の明治宮殿（1888）がつくられました。しかしそれに飽き足らず、もっと豪華な宮殿をつくりたいという想いから、赤坂離宮の建設がスタートしたのです。設計したのは、工部大学校（現在の東大）の第一期生。創生期の建築家として宮廷建築に多くかかわった片山東熊（1854-1917）！

1年かけてアメリカ、フランス、ベルギー、オランダ、オーストリア、イタリア、ギリシャを巡って宮殿建築を調べたぞ！

片山東熊

明治期に活躍した建築家。宮内省で宮廷建築に多くかかわる

　明治以降、建築家たちが修練を積み重ねた西洋建築のデザイン・技術・関連美術の集大成が、ついにできあがったのです！　片山は明治天皇に報告します。

　一生懸命がんばった片山には同情しますが、贅沢しないという**明治天皇**もすごいのです。なぜなら、ヨーロッパの王族はこのような宮殿に住んでいる人ばかり。とにもかくにも、この時期に、日本人の手で欧米に比肩できる建築が完成したことは特筆に値します。現在は国宝にも指定され、日本にいながら**大宮殿空間**を体験できます。ぜひ一度訪れてみてはいかがでしょうか。

33 関東大震災でも倒れない煉瓦組積造
横浜赤レンガ倉庫（1911／2010）

横浜赤レンガ倉庫（竣工時）

関連・メモ　コンヴァージョン・木骨煉瓦造
設計者　妻木頼黄／新井千秋

煉瓦はなんと318万個も使用されています

煉瓦は紀元前4000年頃から使われはじめたといわれる建築材料のひとつです。粘土や頁岩を型に入れ、焼き固めてつくります。ヨーロッパやアメリカなど世界各国で当たり前のように使われています。

ところが、日本は煉瓦などを用いた組積造がとても少ない。でも明治時代に入って、西欧化する流れの中ではそれなりにつくられていました。そんなある日、起こったのが関東大震災（1923）。この震災で煉瓦造の建物は甚大な被害を受けてしまいます。

しかし！　当時の最先端の技術でつくられた横浜赤レンガ倉庫は倒壊を免れました！　それはなぜでしょうか？
その理由は、碇聯鉄構法を採用していたためです。
赤レンガ倉庫には他にも当時最先端の防災設備がいっぱい！スプリンクラー用の水道、防火のための折戸、避雷針、日本最初の荷物用エレベーター……。

昔からある世界の煉瓦のつくり方の例

碇聯鉄構法

帯鉄

水平方向に帯鉄を敷き連ねて強くする

スプリンクラー用の水道　　防火のための折戸　　避雷針

いずれも、現在は当たり前に採用されていますが、当時はまだ一般的ではありませんでした。

そもそも横浜港の物流拠点として大活躍だった赤レンガ倉庫ですが、1970年代になると海上輸送のコンテナ化などによって使われなくなっていきます。これだけのエネルギーが注がれた建築が解体されるのはもったいない！　そこで現代のニーズに合わせてコンヴァージョン（建物用途の転用）し、かつ安全に使用できるように補修改修工事がなされたのです。

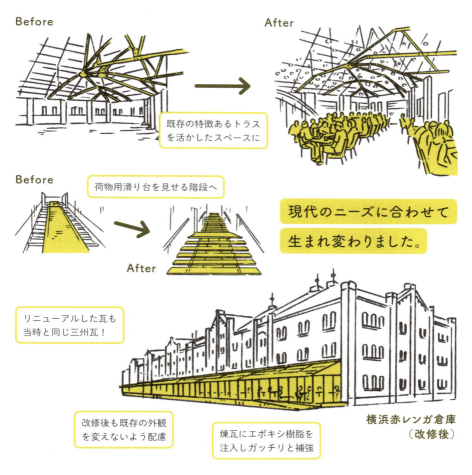

こうして赤レンガ倉庫は歴史的建造物の記憶を留めつつ、文化・商業施設として2010年に生まれ変わりました。オープン以降、大変な人気スポットとなり、2011年の年間来場者数は5000万人を突破しています。建築の背景にストーリーや工夫、特徴があるほど、魅力的な場所が生まれます。そこにその国や地域の文化や建築技術が融合していればなおさらです。
赤レンガ倉庫の物語はいまなお続いていくのです。

34 大谷石採掘場跡はまるで地下劇場

大谷石採掘場跡（1919*）

＊採掘開始年

関連・メモ	大谷石・地下空間・旧帝国ホテル
設計者	―

ここはまるで神殿のようです

　太古の昔。私たちの住居史をひも解いてみると、先人たちは、かつて横穴式住居といわれる自然の洞窟や岩陰を住まいにしました。しかしその後、日本では地上に住まいを求めるようになり、中国の「ヤオトン」やトルコの「カッパドキア」のような**地下住居**を見ることはできません。

　一般的に建築は石を積み上げ、木材を巧みに組み合わせてつくる**足し算**の建築が多いといえます。しかし、**地下住居**はいわば土や岩を掘って空間をつくる**引き算の建築**。こうした引き算の建築が発展しなかったのは、日本は亜熱帯気候であること、建材となる木材や竹材が容易に手に入るためと考えられます。

　大谷石採石場跡は、石材を**直方体**に整形しながら採掘するという独特な採石法によって大谷独特の**巨大な地下空間**がつくられました。

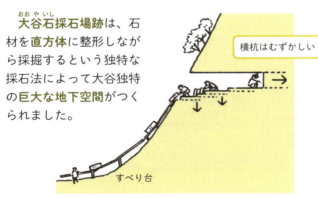

雨と日光を防ぐ採石場のつくり方

まず岩山の中腹に横穴を掘り、岩山の中心部から下方へ掘り下げていくと、岩山の頂部が屋根になり、竪穴への雨水や強い日差しの侵入を防ぎます。

平場掘り

垣根掘り

石材を縦に切り取りながら横穴を掘り進めていく方法を**垣根堀り**といい、高度な技術を必要とする掘り方です。その横穴から下方へ掘削し、竹や板の滑り台を使い石材を下します。

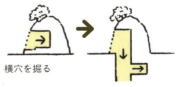

横穴を掘る

その後、縦穴を掘ると雨が杭に入らない

この地下空間はつくろうとして意図されていたものではなく、いわばできちゃったものです。このようなできちゃった空間は、ときに意図してつくられたものよりもはるかに迫力がある。これもまた建築の面白さです。
　興味深い建築に**大久保石材店**があります。大谷で石切り職人を多数抱え、石材を生産してきた問屋です。この石の建物は、すり鉢状の屋敷の前に横たわっていたかまぼこ型の尾根を**家形に切り取って応接室**にしたものです。その応接室は大谷の石材問屋を象徴するような建築になっています。

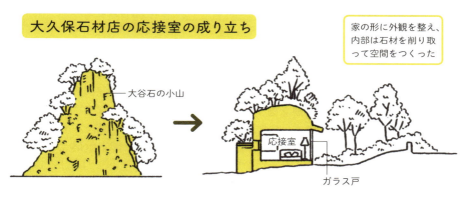

大久保石材店の応接室の成り立ち

家の形に外観を整え、内部は石材を削り取って空間をつくった

石切り職人

　大谷石採掘場跡は現在、本来の役目を終え、その巨大な地下空間はミュージアムやコンサートホール、シアターなどに活用されています。ぜひ一度、体験されることをおすすめします。

自由学園明日館

35 日本に倣ったプレーリースタイル
自由学園明日館（1921）

関連・メモ　モダニズム建築・近代数寄屋・アールデコ
設計者　F・L・ライト／遠藤新

プレーリースタイルとは、アメリカの建築家F・L・ライト（1867-1959）がつくり出した建築様式で、**屋根を低く抑えた建物が地面に水平に伸び広がる構成**が特徴です。なぜ、このようなスタイルが生まれたのでしょうか？

それまでの住宅は壁が多く、個々の部屋が独立していてとても閉鎖的でした。

そこでライトは空間をずらし、平面および断面方向につなげ、さらに窓を増やしていきます。

それまでの西洋建築は四角い箱が多く閉鎖的

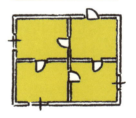

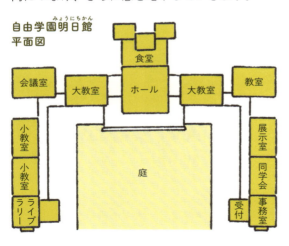

自由学園明日館　平面図

シカゴ万博（1893）の日本館に感銘を受けたといわれています

フランク・ロイド・ライト
アメリカの建築家。
「近代建築の三大巨匠」の一人

プレーリースタイルの片鱗を日本で体験できる希少な建築！

東三条 寝殿造
庭とつながり自然と一体になります

桂離宮
新御殿／楽器の間／中書院／古書院
雁行させて外部とつながる部分を増やす

臨春閣
欄間／襖／庭
空間がつながっていく ドアや壁で仕切らない

これを見て何か気づきませんか？　そう！ 日本の**寝殿造**によく似ていますね。実はライトは**日本建築の影響**を強く受けていたのです。建築や芸術・文化を学んで、自らの設計に生かしました。

建物の高さを抑えて、水平方向に伸ばす！

自由学園　正面

日本の社寺正面の例

特に空間のつながりがすごい！

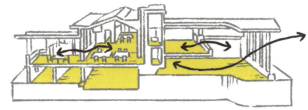

部屋と部屋、外へ、上下へ、流れるよう

ライトは、プレーリースタイルを成立させる概念として**有機的建築**を提唱しています。「有機的建築」とは、普遍的なかたちをもっている自然のかたちに学ぶ、**建物が環境と溶け合いながら住む人にフィットする**、という考え方です。なんだか素敵ですね。

ところでライトは、自分が**建物の内部空間こそ真実**ということを発見したと思っていました。ところが、自分よりも前に、日本の茶の本に「ひとつの部屋の真実は、屋根や壁がつつむ空間の中にある」という一文を見つけてしまいます。ガーン！ライト、大ショック。

しかし、すぐこう考えます。「その思想を実際に取り入れ、積極的に考えて建てたのは自分ではないか」。なんという立ち直りの早さ。それがライトです！

36 脊椎のように動くExp.J（エクスパンションジョイント）

旧帝国ホテル（1923）

関連・メモ	摩擦杭・大谷石・関東大震災
設計者	F・L・ライト／遠藤新

旧帝国ホテルは巨匠**F・L・ライト**(35参照)の傑作のひとつです。1912年に設計に着手し1923年に完成したものですが、関東大震災（奇しくも竣工披露の当日だったという）に遭い他の多くの建物が倒壊したにもかかわらず、このホテルは無傷でした。では、なぜ地震の揺れから被害を免れることができたのでしょうか？

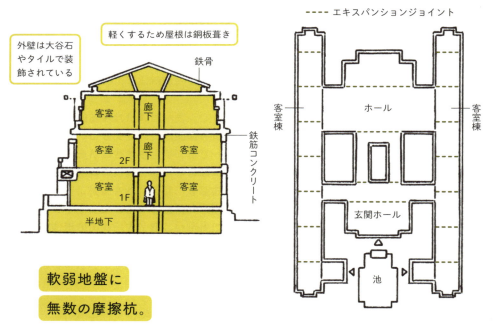

軟弱地盤に無数の摩擦杭。

敷地（日比谷）はかつて湾の一部であったため、支持地盤が40-50mという**きわめて軟弱な地盤**でした。このようなときに一般的な、杭を支持地盤まで打ち込む**支持杭工法**では、莫大な費用と時間がかかり、その上軟弱な地盤のため地震時の横揺れに対し、杭が折れてしまう危険性がありました。

そこでライトは剣山を逆さにしたような**摩擦杭**によって、軟弱な地盤の上に建物を浮かす工法を採用したのです。2.4mの短い杭を60cm間隔で打ち込んだのです。その結果、当時のお金で10万ドルが節約できたといいます。

石を型枠代わりにした打込み工法！

内外装はアールデコ風の**大谷石**（34参照）で仕上げられましたが、地震に耐えられたのは大谷石の力ではなく、構造体の**鉄筋コンクリート**と一体となる**打込み工法**にありました。タイルや石を型枠代わりにし、コンクリートと一体化させる工法です。大谷石は**多孔質**であるため、コンクリートが細かい穴に入り込んでコンクリートと一体化して剥離しにくく、この工法に大谷石は好都合だったのです。

Exp.Jはまるで脊椎のように機能する!?

それだけではありません。ライトは気温差による変形量を計算し、それを吸収するため、接合部に**エキスパンションジョイント**（意図的に設けられた継目）を60フィート（約18m）ごとに設置しました。それによって、膨張収縮による変形に対応し、軟弱地盤を襲う波の力を多関節が変形することによって受け流し、破壊を免れることができたのです。まるで人間の脊椎（背骨）のようですね。また、屋根を鉄骨で組んで銅板葺きとしたことも、上部は軽くなり、揺れ軽減に効果がありました。

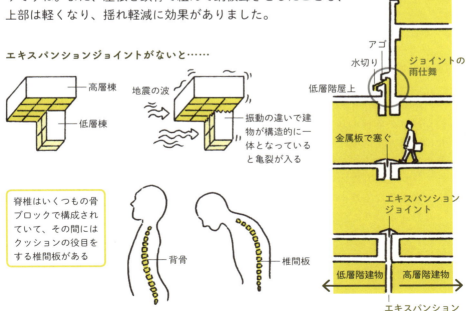

求道学舎

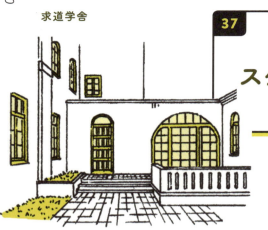

37 未来に残す スケルトンインフィル
求道学舎（1926／1999）

関連・メモ 煉瓦組積造・アールデコ
設計者 武田五一／近角真一

現代では、古くなった建物が取り壊されるケースがとても多くなっています。たしかに建築は年月が経つと、耐震性に不安が生じたり、設備機器が限界になったり、間取りに不都合が起きるなどの問題が出てきます。

でも、建物を壊すことなく問題を解決する方法があります。それが**スケルトンインフィル**です。

20世紀後半、1926年に建てられた学生寮が解体の危機に瀕していました。経年劣化による漏水や風化が進んでいるためです。また若者（学生）のニーズに対応できなくなってきたこともひとつです。
このままなくなってしまうのか……。
それがホテルと見紛うモダンな建築**求道学舎**です。建てられた当時のデザインや設備は高いレベルのものでした。

ああ……
100年前の
文化財が

ヨーロッパのような窓

当時は高価な
水洗トイレ

食堂

モダンな求道学舎！

これはなんとか残したい！

そこで浮かび上がった手法が、**スケルトンインフィル**です。

文字どおり、まず**スケルトン**にします！ そして、新しく生まれ変わるためにスペックがあるかどうか、じっくりと調査します。次に躯体の強度を確かめます。

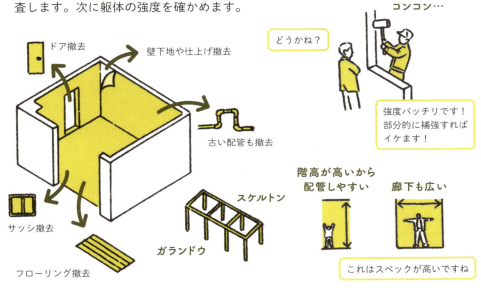

再生した後は、**集合住宅**にすることにしました。募集すると、徐々に人が集まりはじめました。なぜでしょうか？

それは、内装を自由に設計できるようにしたためです。さらに共用部をなるべくオリジナルのまま残すことで、魅力を引き継ぐことに成功しました。

収益性や手間を考えると、壊して建てる方がはるかに楽です。しかし、時間の流れや記憶、人々の想いはリセットされてしまいます。**求道学舎**のように、「残す」という選択をすることで、この場の歴史やかかわる方々の想い、建築のもつ力を再認識できるのです。やり方次第で歴史は未来へ引き継ぐことができるのです。

武居三省堂

| 38 | 関東大震災が**看板建築**を生んだ
武居三省堂（1927） |

— タイル
銅板 —

関連・メモ　煉瓦組積造・木骨煉瓦造・関東大震災
設計者　——

江戸東京たてもの園に移築

これは看板ですね　　これが看板建築です

看板建築といっても看板がつけられた建築のことではありません。
ファザード（外観）そのものが看板になっている建築のことをいい、主に**関東大震災後**につくられました。それにはどんな背景があるのでしょうか……？

1923年に起きた関東大震災によって、東京の商店は壊滅的な被害を受けてしまいました。そのような状況を鑑み、復興すべく区画整理し、法規も考え直しました。

あーでもないこーでもない

地図・法規

日本橋・銀座　　つくられた場所もポイントです　　日本橋・銀座周辺の商店
↓　　　　　　　　　　　　　　　　　　　　　　↓
コンクリートのビル　　　　　　　　　　　　**看板建築**

時代を考えると商店は絶対必要でした。つくりを工夫します。ファザードが壁。これは明治以降の欧米の影響（見た目重視）です。

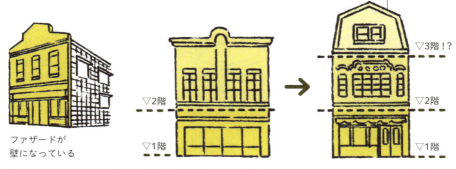

ファザードが壁になっている

基本的には2階建てです

マンサード屋根（腰折れ屋根のこと）

マンサード屋根にして、屋根裏空間を大きくとる実質3階建てもありました。インチキといえますが、法律上では2階建てです

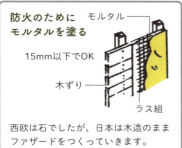

防火のためにモルタルを塗る

15mm以下でOK

モルタル / 木ずり / ラス組

西欧は石でしたが、日本は木造のままファザードをつくっていきます。

看板建築平面図

看板建築の面白い点は、**住居と商いの併用建築**だったことです。

家族だけで住んでいた例は少なく、使用人と10人ほどで同居していました。その広さは小さいもので建て坪がわずか10坪程度でしたが、狭くともファザードにはお金をかけていたのです。まさに商売人といえるでしょう。

いまや、看板建築は開発の波で消滅寸前です。でも、看板建築には魅力的な物語がたくさん詰まっています。ある日たまたま歩いた道で出会うことができたなら、街歩きがちょっと楽しくなるかもしれません。

ひっそり

看板建築の現在の姿

一橋大学兼松講堂

39
怪獣がいる ロマネスクの講堂
一橋大学兼松講堂（1927）

関連・メモ　ゴシック・バロック
設計者　伊東忠太

ピサの大聖堂

西洋の教会は**ロマネスク様式**でつくられていることも多いです。

> 有名なピサの大聖堂はロマネスクだよね！
> ゴシックとどこが違うの？

ロマネスク建築（直訳すると「ローマ風」という意）は、10世紀後半〜13世紀の西洋建築で、**重厚な石造で薄暗い内部空間**が特徴です。巡礼や十字軍の影響により異文化の特徴を取り入れ、さまざまな場所で多発的に開花しました。技術的には未熟な時代で、**小さな窓**しか開けられなかったのです。

ロマネスク様式のル・トロネ

ロマネスク建築の特徴

半円アーチ／重厚な壁体／ヴォールト

簡単にゴシックと比較

石造の重厚感
ゴシック ＜ ロマネスク
窓が占める割合
ゴシック ＞ ロマネスク
全体が一定のリズム／部分と部分の組み合わせ
ゴシック ↔ ロマネスク

> なるほど、なるほど……。ところで大学校舎はよくゴシックでつくられているけど、どうしてロマネスクは少ないの？

いい質問ですね。そもそも大学は**中世ヨーロッパの修道院**が起源です。ロマネスクの修道院は多いのですが、やはりゴシックの方が洗練されていて華やかだった。そこで多くの大学は**ゴシック**を選んだのでしょう。しかし**一橋大学校舎**では、ロマネスク建築群を見ることができます。特筆すべきは**兼松講堂**！

一橋大学兼松講堂には、怪獣がいます！！

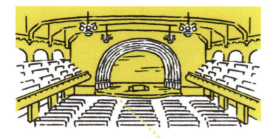

特徴的な半円アーチ

怪獣がいる！？

ギョッ！

ヴォールト天井

照明

怪獣がいる理由をお話しましょう……。

4世紀初頭、**ローマ帝国**はキリスト教を受け入れて**キリスト教会**をつくりはじめました。ところが、**ゲルマン民族**に滅ぼされてしまいます。6〜10世紀のキリスト教はイタリアだけのものになって、フランスやドイツからは消えてしまうのです。でも10世紀になると、ゲルマン民族もキリスト教の影響を受けるようになって、ヨーロッパ全土で復活します。

ところが、教会をどうつくればいいかわからず、**ローマ建築**を手本にしたのです。このとき、**ロマネスク建築が誕生**しました。

ロマネスク建築に**怪獣**がいるのは、**ゲルマン民族などがアニミズムなどの土着的な宗教を捨てきれなかったから**にほかなりません。またロマネスクは、スペイン経由でイスラム文化の影響も受けています。そのため**アラブ風の模様**もまぎれ込んでいるのです。

ロマネスク建築を見ると、生活や文化、思想が**怪獣**という媒体を通して人と建築がつながっていることがわかり、とても興味深いところです。

960

聴竹居

40 和洋融合の環境共生住宅
聴竹居(1928)

関連・メモ	武田五一・環境工学・ワンルーム
設計者	藤井厚二

夏の暑さや湿気対策に力を入れた名作住宅**聴竹居**をご存知でしょうか。建築家**藤井厚二**(1888-1938)の**自邸**として京都・大山崎に建つ実験住宅です。**環境工学**にいち早く着目して建てられたこの住宅は、日本の気候風土に西洋の空間を合わせた**和洋融合**が図られた**環境共生住宅の先駆け**です。

家族が住んでいたのは、主に主屋の建物

特徴的なのは、住宅の空間全体が**一室(ワンルーム)**となっており、風が流れるフレキシブルな空間構成です。**雁行している平面形**は外部との接点を多くしています。中心の居室は外部との接点をもちませんが、周りに配置された各部屋は開けていることが前提の**引戸**を基本にしているため、この周辺の部屋を通して外部とつながっています。

玄関を入り、東南端に位置する縁側は、夏の直射日光を避け、冬の日射熱を室内に取り込む**サンルーム**の役割をもっています。

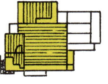

いろいろ試したくて自邸を5回も建てたんだ……。この家が最後だよ

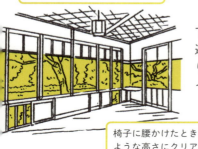

縁側の横連窓は角の柱をなくし、風景の広がりを室内に取り込む

椅子に腰かけたときによく見えるような高さにクリアガラスを配置

藤井厚二
建築環境工学の先駆者

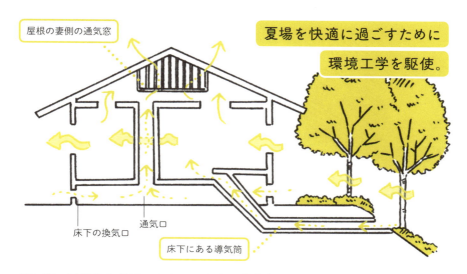

　板の間の**居室**から曲線の出入り口をもつ**食事室へは一段床を高くして**領域感と独立性をもたせています。寝室1への前室となる**畳室**と板床の**居室**との段差は**約30cm**ほど。この30cmという高さで、畳に座したときの視線と椅子に腰かけたときの視線の高さを**合わせている**のです。

　またこの住宅は、**夏場を快適**に過ごすための工夫が随所に見られます。部屋の間仕切りの上部には**欄間を障子**で設け、開閉のしやすさに配慮し、新鮮な空気・風が建物全体を循環するように考えられています。さらに、畳の下には夏の西風を取り入れる**導気筒**を組み込み、夏の室温を下げるための**クーラーの役割**が！屋根へと抜けるような自然な空気の流れをつくっているのです。

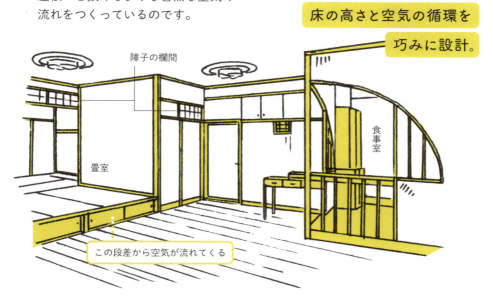

築地本願寺

41 古代インド式にならった斬新な寺院
築地本願寺（1931）

関連・メモ　社寺建築・関東大震災
設計者　伊東忠太

現在の築地本願寺（つきじほんがんじ）は、かつての寺院が関東大震災で焼失したことを受けて建築されたものです。再建された建物は、以前の姿とはまったく異なった、インド建築の要素を取り入れたものでした。

なぜ、このような特徴的な寺院となったのでしょうか？

まず検討されたのは、耐震性・耐火性をもつことでした。以前の建物は木造であったことから、コンクリート造による建築の方針が固まりました。

同時に検討されたのは、寺院のあり方です。従来のような伝統的な形式を望む声がある一方、新しい時代に対応した新しい形式の寺院を望む声も挙がっていたのです。

そして、その方針の検討を含めた設計を依頼されたのが、建築家・建築史家の伊東忠太（いとうちゅうた）(1867-1954) でした。伊東は西洋建築学を基礎にしながら、日本建築を本格的に見直した第一人者です。法隆寺が日本最古の寺院建築であることを学問的に示し、日本建築史を創始する一方、「建築進化論」を唱え、進化主義とされる西洋建築に肯定的、対して日本建築に革新性を求めました。

さらに、それを実践するように独特の様式をもった数々の作品を残しています。

伊東忠太（いとうちゅうた）

インド建築の要素

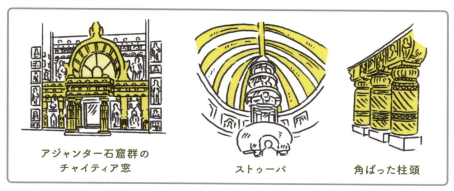

アジャンター石窟群の
チャイティア窓

ストゥーパ

角ばった柱頭

　築地本願寺の計画に関して伊東は、純日本古式の形式は合理的でないと退け、**新様式をめざす**ために「中国やインドの様式を取り入れるべき」としています。築地本願寺は竣工まで7年かかりました。

　完成した建築は、中央の屋根形状や建物の両端の鐘楼、柱の形状など、伊東独自の解釈によるインド建築の要素を多く盛り込んだ外観となり、これまでの**日本の寺院のイメージを大きく覆す**ものでした。**仏教発祥の地**である**インド**にそのモチーフを求めたのです。

　完成から1世紀近く経過した現在でも、その斬新さは衰えることはなく、むしろ築地のシンボルとして大きな存在感を示し、市民にとってかけがえのない存在となっています。

> インド建築の要素を
> 取り入れた新しい寺院。

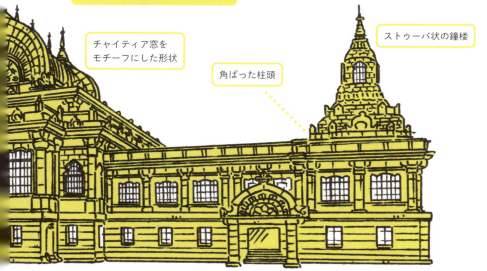

チャイティア窓を
モチーフにした形状

角ばった柱頭

ストゥーパ状の鐘楼

42 和風伝統建築とモダニズム建築が融合した軽井沢夏の家（1933）

軽井沢夏の家
バタフライ屋根！

関連・メモ　木造モダニズム・近代数寄屋
設計者　アントニン・レーモンド

モダニズム建築とは、1920年頃からヨーロッパではじまった、過去の歴史様式にとらわれない新しい建築のことです。モダンとは、ラテン語で「ちょうどいま」という意味です。

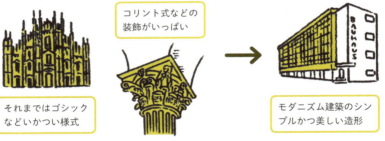

それまではゴシックなどいかつい様式

コリント式などの装飾がいっぱい

モダニズム建築のシンプルかつ美しい造形

さらにCIAM（近代建築国際会議）などを通して、モダニズムの生みの親の一人・ル・コルビュジエ（1887-1965）の近代建築の五原則が広がっていきます。

モダニズムはこうだ！
これがモダニズムの定義だ！

ル・コルビュジエ
「近代建築の三大巨匠」の一人。20世紀を代表する建築家

近代建築の五原則
❶ピロティ　❷屋上庭園
❸自由な平面　❹自由な立面　❺水平連続窓

これに目をつけたのが、1919年に来日した建築家アントニン・レーモンド（1888-1976）。

みんな気づいていないが、日本の伝統建築は西欧よりモダニズムを展開するのに適しているぞ……

アントニン・レーモンド
チェコ出身の建築家。F・L・ライトのもとで働き、旧帝国ホテル建設時に来日

モダニズムを日本家屋と融合させたら面白そうじゃないか

そして、生まれたのが軽井沢夏の家です。

和風伝統建築がベースとなりながらもこれまで見たことがない要素が満載です。

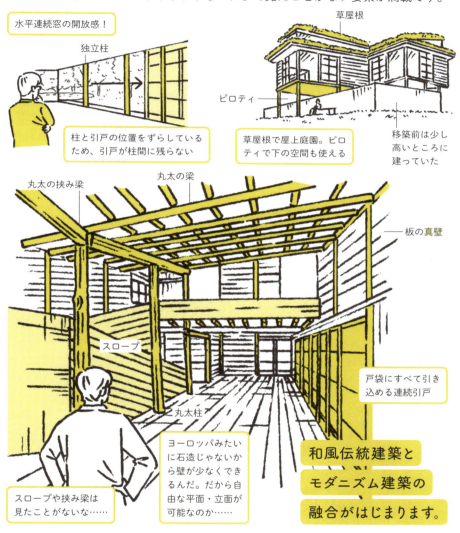

- 水平連続窓の開放感！
- 独立柱
- 柱と引戸の位置をずらしているため、引戸が柱間に残らない
- 草屋根
- ピロティ
- 草屋根で屋上庭園。ピロティで下の空間も使える
- 移築前は少し高いところに建っていた
- 丸太の挟み梁
- 丸太の梁
- 板の真壁
- スロープ
- 戸袋にすべて引き込める連続引戸
- 丸太柱
- ヨーロッパみたいに石造じゃないから壁が少なくできるんだ。だから自由な平面・立面が可能なのか……
- スロープや挟み梁は見たことがないな……

和風伝統建築とモダニズム建築の融合がはじまります。

　こうして**レーモンド**は、和風伝統建築とモダニズム建築を融合させた**木造モダニズム**というひとつの大きな流れをつくり出しました（もうひとつは土浦亀城などに代表される**箱型モダニズム**（44参照）です）。レーモンド以降、木造モダニズムはどんどん進化していきます。日本が得意とする木造の伝統技術をベースとした木造モダニズムは、現代においても新しい建築を生み出し続けています。

旧朝香宮邸

43 アールデコの邸宅は自動車事故がきっかけ
旧朝香宮邸（1933）

関連・メモ　ゴシック・バロック・アールヌーボー
設計者　権藤要吉／アンリ・ラパン（内装）

1929年から4年の歳月をかけてつくられた**旧朝香宮邸**（現東京都庭園美術館）。朝香宮殿下の邸宅として建てられたこの建築は、どうして**アールデコ様式**をしているのでしょうか……？

邸宅にアールデコ様式を取り入れるだって!?

1922年、フランス留学中だった朝香宮殿下は不運にも自動車の事故に遭い、その療養のために夫婦で長期間パリに滞在することになります。当時のパリは**アールデコ**全盛期であり、1925年の**パリ万博**を見学されるなど、朝香宮殿下は様式美に魅せられ、大いなる刺激を受けて帰国しました。

そして、1923年の関東大震災で倒壊した邸宅の建て替えにあたり、アールデコのエッセンスを盛り込んで建築したのです。全体計画を含め、設計・監理は宮内省内匠寮工務課建築科技師の**権藤要吉**（1895-1970）が行いました。内匠寮工務課は、1階の大広間や大客室など、2階の殿下居室と書斎の計7室の内装意匠をフランス人デザイナーの**アンリ・ラパン**に委託しました。

幾何学的な垂直と水平線とアーチなど装飾を抑えていますね

ラパンがデザインした大広間。

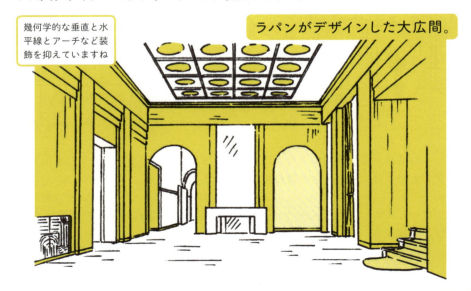

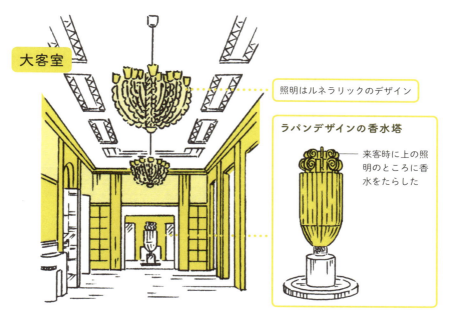

大客室

照明はルネラリックのデザイン

ラパンデザインの香水塔
来客時に上の照明のところに香水をたらした

　旧朝香宮邸はガラス、石、タイル、金属など室内に多彩な素材を用いながら、**アールデコ**の様式美を楽しむことができます。ガラス工芸はルネラリック、壁面のレリーフはＩＬブランショなど、フランス人芸術家が制作しているのも特徴です。

正面扉のガラス部分のレリーフ。型にガラスを流し込んでつくっている

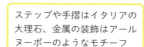

ステップや手摺はイタリアの大理石、金属の装飾はアールヌーボーのようなモチーフ

大客室扉にあるマックスアングランのエッチングガラス

　19世紀末から20世紀初めに流行した**アールヌーボー**のモチーフは花や植物などの**有機物**で、**曲線的・装飾的**なイメージであるのに対し、1910〜1940年頃に流行した**アールデコ**のモチーフは**幾何学模様、直線的・機能的**なイメージです。装飾性が高いがため大量生産に向かないアールヌーボーは、第一世界大戦の勃発とともに衰退しました。一方、**アールデコ**の時代は、芸術やデザインが一部の特権階級のものから大衆のものへ。そんな時代の空気が旧朝香宮邸からも感じ取れるのです。

土浦亀城邸

44 モダニズム建築の原型・白い箱
土浦亀城邸（1935）

関連・メモ　箱型モダニズム・木造モダニズム
設計者　　　土浦亀城

モダニズム建築の大きな特徴は、世界のどの国の歴史性とも無関係であった、という点です。直線的な構成をもつ立方体で、装飾性・地域性・民族性がありません。

モダニズム建築が入ってくるまでの大まかな流れ

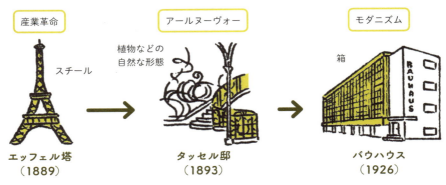

産業革命	アールヌーヴォー	モダニズム
スチール	植物などの自然な形態	箱
エッフェル塔（1889）	タッセル邸（1893）	バウハウス（1926）

バウハウスは**デ・ステイル**という垂直水平の線と面で構成するデザインや絵の影響を受けました。凸凹を削り、箱型化し、大ガラスを入れれば**モダニズム誕生**となります。

デ・ステイルを代表するモンドリアンの絵画

土浦亀城（つちうらかめき）
建築家。ライトの事務所に入所、帰国後の初期はライト風だったが、すぐにホワイトキューブに大きな窓を開けたモダニズム建築を設計するようになる

すっきり見せたいので、なるべく**線を消し**、白く透明で、光を導き清楚につくります。

土浦亀城はF・L・ライトの弟子ですが、ライトの有機的建築の真似はとてもできないと感じ、**バウハウス派の箱型モダニズム**へと変わっていきます。

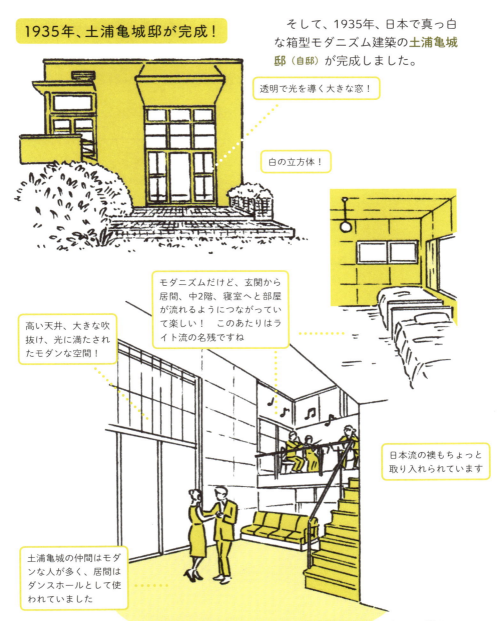

そして、1935年、日本で真っ白な箱型モダニズム建築の**土浦亀城邸**(自邸)が完成しました。

こうして、モダニズム建築は日本に入り、モダンな人々をはじめとして徐々に広がっていきました。**箱型モダニズム**は、**無駄を省き**近代技術を駆使し、**合理的**かつ**機能的**であったがゆえに、評価されたのです。現代でもそのすっきりした美しさから箱型モダニズムの人気は高く、多くの人々に支持されています。

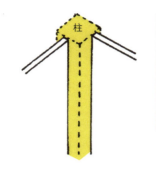

45 近代数寄屋の誕生で柱が消えた!?

旧杵屋別邸（1936）

関連・メモ 数寄屋・モダニズム建築
設計者 吉田五十八

吉田五十八（1894-1974）は近代数寄屋の生みの親です。「近代数寄屋」とは、数寄屋にモダニズム建築の要素を融合させたものをいいます。では具体的に何がどう違うのでしょうか……？

近代数寄屋が生まれる前の数寄屋は、柱の垂直線・長押・鴨居・天井の竿縁などの水平材がとても多く、煩雑な空間でした。

モダニズムの影響を受けた吉田五十八は、従来のモダニズムがもつ、かたく、緊張感のある空間に大らかさ（吉田自身の言葉でいえば明朗性）を獲得したかったのです。

そこで吉田五十八は考えます。

線をなるべく消すことで面の構成に。

長押・付鴨居を見せない
大壁に

　柱や長押といった諸材料をなるべく減らし、線による分割をなるべくなくすことがポイントです。**線から面の構成**とすることで空間に大らかさをもたらし、無限ともいえるパターンが生まれます。

　吉田五十八にとって、**柱を見せること**も表現のひとつで、必ずしも構造である必要性はありませんでした。「柱の表現」は数寄屋の生命線のひとつであるにもかかわらず、です。

　こうして数寄屋とモダニズム建築は**近代数寄屋の誕生**によって、うまく融合を果たしました。なぜうまくいったのか。それは数寄屋がもともともつ特性と、線と面の分割による立体幾何学で構成されたモダニズム建築の相性がよかったためといえます。

　近代数寄屋は多くの人に影響を与え、真似されました。それだけウケがよかったからです。**真壁**(しんかべ)の柱の存在を消し、やわらかい空間をつくりたいとき、近代数寄屋の手法はいまでも有効といえます。

旧杵屋(きねや)別邸居間

斜めの壁で軽やかさを出す

柱を消しているのですっきりとして見える

床の間を低くしてかたさを崩す

107

46 シンメトリーな木造モダニズム

前川國男邸（1942）

前川國男邸

関連・メモ モダニズム建築・コルビュジエ・レーモンド
設計者 前川國男

左右対称だね

シンメトリーなタージマハール

　人は規則性といった、ある一定のリズムがあるものを**美しい**と感じる傾向があります。**シンメトリー**、いわゆる左右対称はその美を感じる要素のひとつです。**シンメトリーな顔**は美しいともいわれます。

　木造モダニズムの傑作と名高い、建築家**前川國男**（1905-1986。コルビュジエとレーモンドを師にもつ日本のモダニズム建築の旗手）の自邸・**前川國男邸**はシンメトリーです。なぜ傑作なのか……!?　それは戦時体制下で建築資材が入手困難な時期にもかかわらず、**モダニズム建築の要素がふんだんに取り込まれている**ためです！

　これまでの和風伝統住宅であれば、壁には**長押**があって、天井には**廻り縁**があって、**柱**があって、……と**線の多い空間**になります。しかし前川國男邸の居間の二面と天井はモダニズムらしい白で仕上げられ、すっきりとしています。すっきり見せるために**線を消す**（45参照）のはモダニズムの常套手段です。

壁と窓の構成がシンメトリーで美しいね！

吹抜けで天井も高いため、非常に開放的！

開口部にある面は上から下、左右もすべて窓です

モダニズムの要素として**面をきれいに分割する**ということもあります。居間の反対側の面を見ると障子、サッシ、柱、2階の手摺を兼ねた飾り棚、床を支える梁が美しいバランスで納まっています。

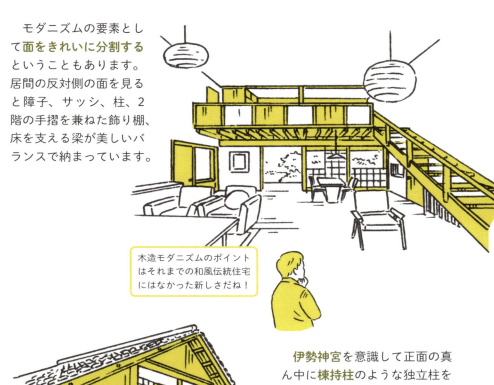

木造モダニズムのポイントはそれまでの和風伝統住宅にはなかった新しさだね！

伊勢神宮を意識して正面の真ん中に**棟持柱**のような独立柱を立てています。**ピロティ**的でもあります。資材統制の影響で、柱の素材はなんと電柱！ モダニズム特有のフラットルーフ（平らな屋根）を採用しなかった理由は、戦時下であることへの配慮が考えられます。

前川國男邸は**戦時下**という状況を考えれば、もっと伝統的な和風住宅になる可能性もありました。しかし、前川はそうはしなかった。それまで学び、経験してきたモダニズムを積極的に取り入れて、新しい木造モダニズムの傑作を完成させたのです。建築は時代や人、環境、工法、素材、法規、規制など多くの要素や出来事から生まれます。きっと何の制限もなかったら、建築は面白くないでしょう。制限や課題のある中から生まれてこそ、傑作になりうるといえます。

現代

戸塚四丁目アパート

47 DK（ダイニング・キッチン）の誕生
戸塚四丁目アパート（1951）

関連・メモ　狭小住宅・田の字プラン
設計者　［C51型の理論］西山夘三
　　　　［C51型の設計］吉武泰水

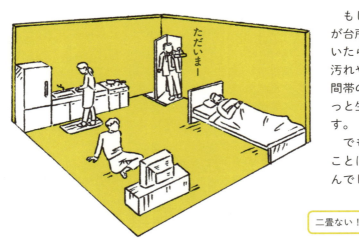

もし、あなたの寝室が台所や居間を兼ねていたらどうでしょうか。汚れや音、光、生活時間帯のずれ……。ちょっと生活しづらそうです。

でも、**戦後**はそんなことはいってられませんでした。

住宅の不足数は、なんと450万戸！都市部では多くの人がバラックで生活していました。

外壁は木だったり、トタンだったり……。

バラック

二畳ない！

吉武泰水（よしたけやすみ）
建築学者。日本の建築計画学の創始者

そんな現況を当時東京大学の助教授だった**吉武泰水**（よしたけやすみ）（1916-2003）は、「なんとか環境を改善せねばいかん」と考えていました。

その少し前、1935年頃から大阪の長屋調査をしていた京都大学の助教授・西山夘三(1911-1994)は、あることに気づきます。それは狭くとも食事室が優先されるということです(1941年「建築雑誌」に論文発表)。

> あれ、六畳+五畳でもできるのに、三畳にしてまでわざわざ食事室をつくっている……。

> やっぱり別の部屋じゃなきゃダメなんだ……。

> 食事の部屋と寝室をきちんと分ける提案をしよう。名前は……食寝分離だ!

寝る部屋の布団を畳んでしまい、そこにちゃぶ台を出して食事する、場合によっては客間も兼ねるという**転用可能な日本の空間**は、半分正しく半分誤りなのです。

この「狭い庶民の住宅にこそ**食寝分離が重要**」という西山理論を知っていた吉武に、1950年にチャンスが訪れます。**公営住宅の設計指針の作成**です(それもなるべく面積を抑えて)。

数案検討し、生まれたのが**51C型**でした(1950-11.20)! 39.00㎡(約11・8坪)。このとき、はじめて台所と食事室が一体化した、**DK(ダイニング・キッチン)** が誕生しました。

> これに大きな貢献をしたのがテーブル、イスと……

ピカピカ

> なんといってもステンレスキッチン!

こうして居間と食堂が一体化したDKは、戦後復興のシンボルとして瞬く間に広がりました。憧れの**ダイニング・キッチン**は、どんどん洗練されていき、ついにはリビングまでくっつけて**LDK**となり現代に至るのです。

> テーブルとイスによって目線の高さも近くなるので居心地がいい

ちゃぶ台

> 主婦も大喜びです。それまで北側が多く、狭く、人研ぎだったのでいつもジメジメ……。それが南側に! 明るく広く! 清潔!

113

斎藤助教授の家

48

しつらいは 住まいの必殺技
斎藤助教授の家（1952）

関連・メモ　モダニズム建築・近代数寄
設計者　清家 清

そもそもしつらい（室礼）って何でしょう？

　その昔、寝殿造の頃の建築は柱だけの開放的なガランとした空間でした。当時の人々はそこに御簾や几帳、壁代、屏風、衝立、障子や部戸などを用いて、必要なときに儀式の場や生活の場をつくり出したのです。

　西洋は部屋ごとに用途・置くものがきっちり決まっています。「このように使いましょう」といわれているようです。

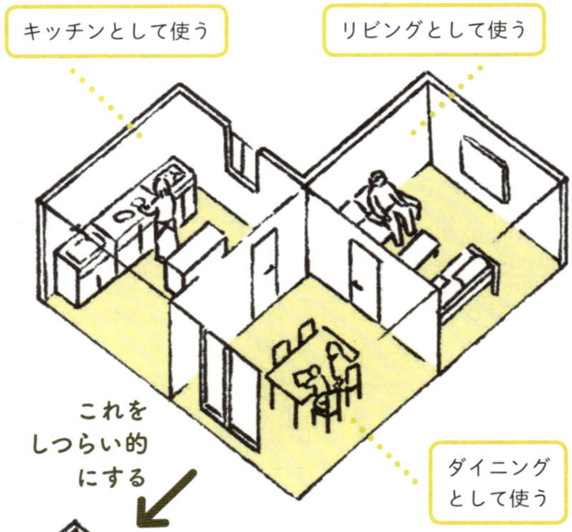

キッチンとして使う

リビングとして使う

ダイニングとして使う

これをしつらい的にする

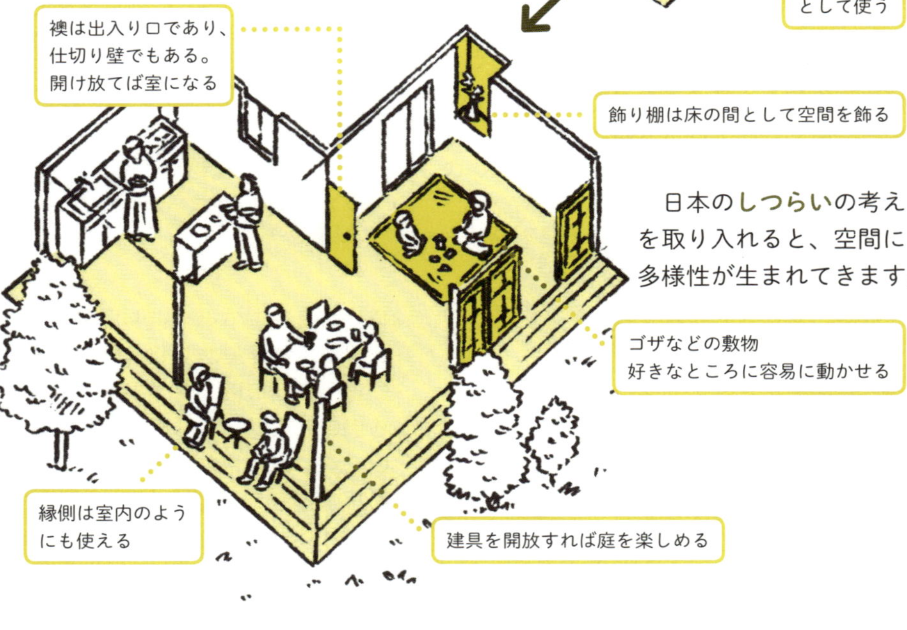

襖は出入り口であり、仕切り壁でもある。開け放てば室になる

飾り棚は床の間として空間を飾る

日本の**しつらい**の考えを取り入れると、空間に多様性が生まれてきます。

ゴザなどの敷物　好きなところに容易に動かせる

縁側は室内のようにも使える

建具を開放すれば庭を楽しめる

もともと、テーブルやイスだから**しつらい**ではなく、障子だからしつらい、と白黒はっきりつけられるものではありません。なぜなら……

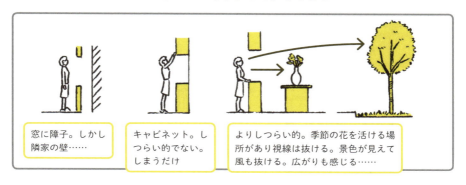

したがって、しつらいとは用途や生活、環境に合わせて空間を変化させるものがあるかが肝になってきます。ですから、日本の障子や移動できる家具は都合がいいのです。

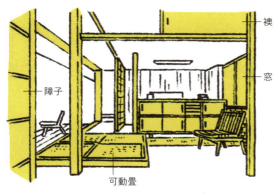

戦後間もなく建てられた**斎藤助教授の家**は、時代とともに進んでいくモダンな住宅の中にしつらいを取り入れたことが何よりも新しかったのです。

来日したドイツ人建築家**ヴァルター・グロピウス**（バウハウス初代校長。モダニズム建築の生みの親の一人）は、この建築を見て、「**日本建築の伝統と近代建築の幸福な結婚**」とまでいいました。

モダンポイント

しつらいのある住まいは、四季折々の自然を取り込んで楽しみ、行事に合わせて場を彩るなど、住まう人の好みに合わせて日々の暮らしを楽しく、豊かなものにしてくれるといえるでしょう。

最小限住宅

49 狭小住宅の元祖！最小限住居
最小限住居（1952）

関連・メモ　ワンルーム・田の字プラン・DK
設計者　増沢 洵

キレイに立面が分割されている……

家の大きさはどのくらいがベストでしょうか？

　1952年に竣工した**最小限住居**（増沢自邸）は、狭小住宅の傑作といわれています。そもそも計画のきっかけは、**増沢洵**（ますざわまこと）（1925-1990。アントニン・レーモンドに師事）自身が住宅金融公庫に応募し、当選したことにあります。そして、戦後間もなかったために極端な資材不足で、**延床面積15坪までしか建てられない**という制限がありました（1950年に解除）。

　増沢が考え抜いてできたプランは、平屋が多かった時代にもかかわらずあえて2階建てとし、**建築面積9坪**という狭さにもかかわらず**3坪の吹抜け**を確保したものでした。また、構造材を現しにするなど、必要ない仕上げを省いて無駄なコストがかからないようにしています。

1階 平面図

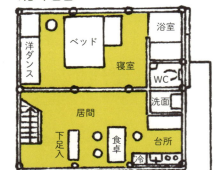

2階 平面図

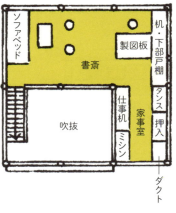

> ブレース構造なら、窓を設けても視界の妨げになりづらい！

要所に**大開口**を設けて**吹抜け**を計画することで、視線が抜けて外へ内へ多様なつながりがある大きな**ワンルーム**になっています。

— 丸太柱現し
— 登り梁現し

> 構造を見せている効果で、コンパクトなのに力強い構成！

最小限住宅は狭小住宅にもかかわらず、間取りの変更など増改築を繰り返してきました。住まいはしっかりとした骨格を最小限でつくっておけば、生活の変化にも柔軟に対応できることを示しています。

1952	1954	1956	1957
完成	家族4人 吹抜けに床を張って面積増やす	自分の事務所を開設 玄関をつくる	さらに増築 下屋および物置追加

最小限住居には廊下がありません。これは伝統家屋の民家やC51型（47参照）も同じです。

民家の田の字プラン

C51型（団地）の田の字プラン

> 与えられた面積を最大限に生かすには、廊下をゼロにして壁を減らすことがもっとも効率よく広がりを獲得できるのです

制限のかかった広さの中で、用途機能を満たし、かつコンパクトにまとめて豊かな空間をつくる。ポイントは**9坪（三間四方）**という広さです。住まいを考えるとき、9坪をベースにすれば、何が本当に必要なのかが浮かび上がってきそうです。

香川県庁舎

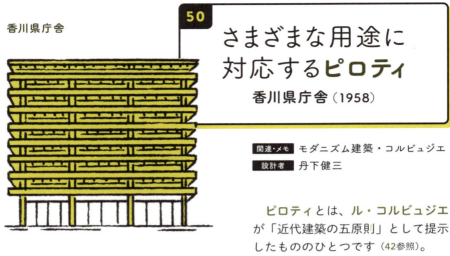

50 さまざまな用途に対応するピロティ
香川県庁舎（1958）

関連・メモ モダニズム建築・コルビュジエ
設計者 丹下健三

ピロティとは、ル・コルビュジエが「近代建築の五原則」として提示したもののひとつです（42参照）。

それまでの西洋建築は、壁に囲まれているため、暗く閉鎖的で融通性がありませんでした。そこでコルビュジエは、壁をなくしました。

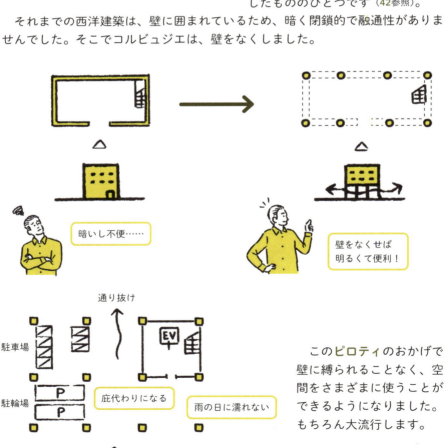

このピロティのおかげで壁に縛られることなく、空間をさまざまに使うことができるようになりました。もちろん大流行します。

香川県庁舎のピロティ　　　　　　　熊野神社長床（鎌倉）

でも実は、ピロティ的なものは大昔から日本にありました。たとえば**熊野神社**の吹き放し空間は、礼拝以外の儀礼にも利用できるものです。

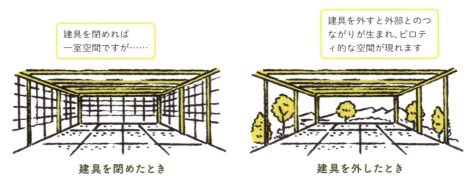

建具を閉めれば一室空間ですが……

建具を外すと外部とのつながりが生まれ、ピロティ的な空間が現れます

建具を閉めたとき　　　　　　　建具を外したとき

それもそのはず。そもそも日本建築の性質そのものが**多様な用途に対応できる空間**であるためです。

ピロティは、アメリカなどに比べると敷地の狭い日本だからこそ、その効果を発揮します。

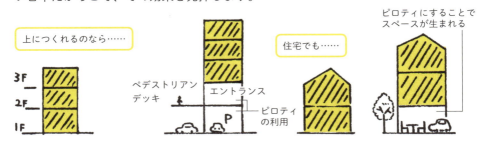

上につくれるのなら……

ペデストリアンデッキ　エントランス　ピロティの利用

住宅でも……

ピロティにすることでスペースが生まれる

半屋外空間。バーベキューもできる。雨の日でも遊べる

開放的で光や風も通し、さまざまな用途に対応できるピロティは、今後もあらゆる建築で活躍することでしょう。

空飛ぶワンルーム
スカイハウス（1958）

関連・メモ 都市住居・田の字プラン・モダニズム建築
設計者 菊竹清訓

みなさんは**ワンルーム**に住むとしたら、何を求めますか？

- 家賃が安いなら風呂・トイレ一緒でもいいかな
- プライバシーを考えて2階以上がいいな
- キッチンはそんなに使わないから、こだわらない

なるほど……。ではもしもっと広い部屋にしたくなったら？　キッチン・トイレやお風呂をいいものにしたくなったら？　家族が増えたらどうしますか？

- 引っ越します……

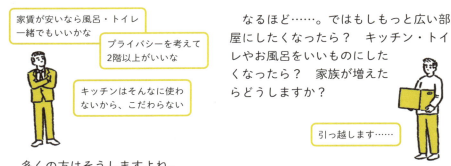

多くの方はそうしますよね。

でも、建築家**菊竹清訓**（きくたけきよのり）（1928-2011。戦後丹下健三と並び日本の建築界を牽引した）の自邸である**スカイハウス**は、そうした既成概念を吹き飛ばすものでした。なぜなら、そのワンルームは、家族構成の変化による間取りの変更、キッチンや水廻り、子ども室の「**更新が可能**」という魔法のようなアイデアをもつ建築だったため！

スカイハウス 平面図

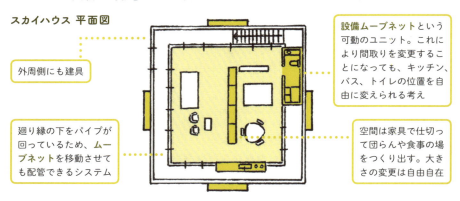

- 外周側にも建具
- **設備ムーブネット**という可動のユニット。これにより間取りを変更することになっても、キッチン、バス、トイレの位置を自由に変えられる考え
- 廻り縁の下をパイプが回っているため、**ムーブネット**を移動させても配管できるシステム
- 空間は家具で仕切って団らんや食事の場をつくり出す。大きさの変更は自由自在

菊竹は久留米市の大地主の家に生まれました。菊竹は最晩年のインタビューで、「戦後GHQに土地を奪われたこと（地主制度解体）に対する抗議ですね」と答えています。そう。スカイハウスの**床が宙に浮いている**のは、**新しい土地を獲得する**ためだったのです。

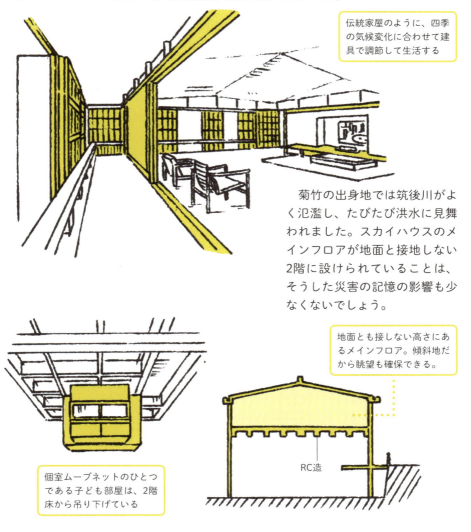

伝統家屋のように、四季の気候変化に合わせて建具で調節して生活する

　菊竹の出身地では筑後川がよく氾濫し、たびたび洪水に見舞われました。スカイハウスのメインフロアが地面と接地しない2階に設けられていることは、そうした災害の記憶の影響も少なくないでしょう。

個室ムーブネットのひとつである子ども部屋は、2階床から吊り下げている

地面とも接しない高さにあるメインフロア。傾斜地だから眺望も確保できる。

RC造

　スカイハウスは国内外に強い衝撃を与え、評価されました。それは、日本の**伝統的な住まい方**と**モダニズム建築**の融合を明快かつ驚くべきかたちで提案したからにほかなりません。また同時に体験や記憶、育った環境はその建築家が未来につくる建築に大きな影響を与えることがわかります。

52 モデュロールが体感できる美術館
国立西洋美術館（1959）

国立西洋美術館

関連・メモ　モダニズム建築・ピロティ
設計者　ル・コルビュジエ

ル・コルビュジエは、20世紀のモダニズムを代表する建築家です。合理的・機能的で明快なデザイン原理を追求し、世界中に大きな影響を与えました。弟子には**前川國男**（46参照）や**坂倉準三**（1901-1969。パリ万博日本館などが有名）など日本人建築家も多く輩出しています。「近代建築の五原則」が有名ですが、それ以外にも**モデュロール**といわれるコルビュジエ独自の**寸法体系**があります。

コルビュジエは、世界の標準となりつつあったメートル法が人体に由来していないことを危惧し、**古典建築**にも見られるような、人体や自然から導き出された寸法体系を提案したのです。コルビュジエが理想とした成人男性の身長183㎝を基準とした場合、その黄金比である113㎝が**ヘソの高さ**にあたり、その倍数の226㎝は**手を挙げた高さ**になることに着目し、**フィボナッチ数列**（前の二つの数値の和が次の数値となる数列のこと）の規則性で展開した、二つの数列を作成しました。

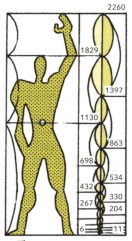

モデュロール

コルビュジエは6と11からはじまる二つのフィボナッチ数列を用いて、モデュロールをつくりあげました。

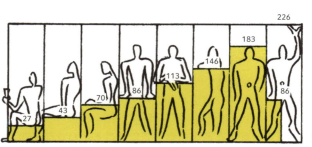

モデュロールで得られた数値をもとに、コルビュジエは**各部位の寸法**を決めていきました。

226㎝（3階展示室の天井高）
113㎝（手摺高さ）
226㎝（2階展示室の天井高）

モデュロールは建築や機械、その他に応用できる人体に調和した寸法体系なんだ

ル・コルビュジエ

　実際、コルビュジエはこの数式を自らの設計に取り入れていきました。その空間は、上野にある国立西洋美術館でも、実際に体験することができます。

　国立西洋美術館は、1955年日本政府により依頼を受けたコルビュジエにより設計されました。柱は635㎝間隔で均等に立てられ、2階展示室の低い天井や中3階の天井の高さは226㎝、バルコニーの手摺の高さは113㎝など、建物のほとんどがモデュロールの寸法にならっています。また、外部のルーバーや外壁パネルの割付にも、モデュロールが用いられています。

　「天井高226㎝」と聞くと、私たちでも「低いのでは」と直感的に思うかもしれません。しかし、実際に展示室に行ってみるとそのような圧迫感はなく、むしろ展示品に集中できるだけの落ち着きを与えています。また、この展示室は明るく開放的な吹抜け部分と隣接していることで、それぞれの空間の違いを際立たせ、その違いを楽しむこともできるように配慮されています。

　ル・コルビュジエがめざした生き生きとした「人間らしい」空間を、ここでは体感することができるのです。

53 日本の伝統と融合した吊り構造
国立代々木競技場（1964）

1964年の**東京オリンピック**で、世界は日本が戦後の敗戦から驚異的な復興を成し遂げたことを強く認識します。

関連・メモ　モダニズム建築・東京オリンピック・香川県庁舎
設計者　丹下健三

日本建築もひとつの作品とともに世界のトップレベルにあることを示すものとなりました。それが、**丹下健三**（1913-2005。数多くの国家的プロジェクトを手がけた日本が誇る「世界のタンゲ」）が設計した**国立代々木競技場**です。なぜ世界が驚いたのでしょうか……？

国立代々木競技場

建築の基本的な原理は、建築が高くなっても広くなっても変わりません。

しかし！　この競技場に足を踏み入れると衝撃を受けます。

現れたのは、選手たちと見に来る何万人もの観客を内包する**柱のない巨大な空間**です。

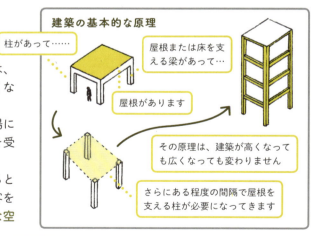

建築の基本的な原理
- 柱があって……
- 屋根または床を支える梁があって…
- 屋根があります
- その原理は、建築が高くなっても広くなっても変わりません
- さらにある程度の間隔で屋根を支える柱が必要になってきます

直径33cmの巨大なワイヤーロープ
巨大なコンクリートでワイヤーを支持する
40m
巨大な支柱
126m！

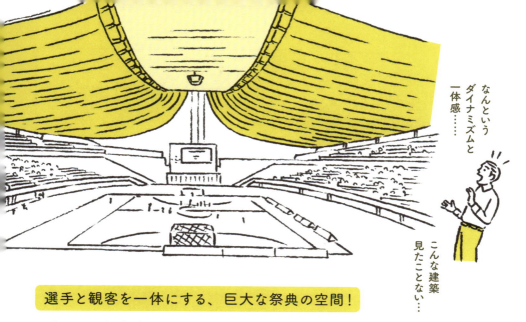

選手と観客を一体にする、巨大な祭典の空間！

　丹下は選手と観客を一体にするには、**柱は不要**と考えたのです。この空間を実現したのが**半剛性吊り構造システム**です。さらに、日本の伝統があらゆる点で融合していることも評価を高めました。1930年頃に日本へ入ってきた**モダニズム**は進化を続け、この代々木競技場で日本の伝統を獲得しつつ、**ひとつの頂点**に達しました。造形的ダイナミズムに溢れるモダニズムの圧倒的な荘厳さ。これこそ建築の力。丹下はモダニズムでの構造表現（このことはコンクリートで梁を現しにしている香川県庁舎（50参照）などでも見られます）を**世界でもっとも早く実現した**のです。

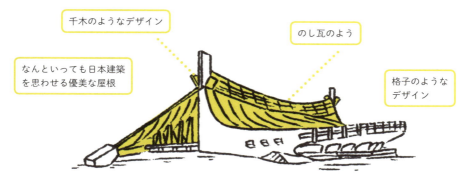

　設計も施工も前例がないだけに困難を極めました。しかし、アスリートと観客のことを考えに考え、これしかないという結論に達したのです。丹下の強い想いにスタッフ、施工者は一斉に応えました。タイトな工期の中、見事竣工させたのは人々を感動させたいという想いやエネルギーがあったからにほかなりません。世界に誇るこの建築は、いまでもまったく色褪せることなく、訪れるたびに感動を与えてくれます。

ホテルニューオータニ

> ## 54 超高層ホテルはオリンピックがきっかけ
> ホテルニューオータニ (1964)

関連・メモ 東京オリンピック・プレハブ・31m 高さ制限
設計者 大成建設

1964年の**東京オリンピック**開催に間に合わせるために、1044戸のホテルを17か月で建設しなければならない！ そのようにして計画がスタートしたのが**ホテルニューオータニ**です。通常、3年はかかる規模……。常識では考えられない超短期の工期です。しかも、工事の着工時に描かれていた図面は「平面図一枚」だったといいます。工期の超短縮を実現させるため、当時最新の考え方や工法を駆使されています。詳しく見ていきましょう。

そもそも高層ホテルの前例がない！

当時の東京では、建物の**高さは31m**（百尺規制）と制限されていました。従来の工法では法律的に不可能（地震の弱かった）だったのです。ですが、地震力を柔軟に吸収する**新たな耐震の考え方**（柔構造理論）の登場により、法的な制限をクリアしました。

剛構造

地震力をそのまま受け止める構造

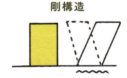

柔構造

地震力を柔軟に吸収する構造

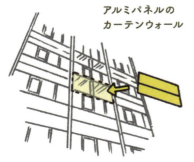

アルミパネルの
カーテンウォール

高層にするためには、建物自体を**軽量化**しなくてはなりません。そのアイデアとして、外壁はコンクリートではなく、**アルミパネル**を使った**カーテンウォール工法**を採用したのです。現在では当たり前の工法ですが、建物の軽量化だけでなく、地震時などの建物のしなりに追従し、ゆがみの影響を少なくすることができる画期的なものでした。

日本初のユニットバス！

ホテルの工期短縮で不可欠なのが、**浴室工事の短縮化・軽量化**です。そこで、あらかじめ工場で生産・加工し、現場で組み立てる**プレファブリケーション（プレハブ）**化された「セミキュービック方式の**ユニットバス**」が開発されました。

運搬しやすいように上下に分かれた構造

器具や給排水管を組み込んだ腰フレームと上部壁フレームを工場でそれぞれ組み立てる。

ステンレス製の防水パンという受け皿を設置して、その上に腰フレーム、さらに上部壁フレームを設置する。

仕上げとして壁パネルやドア、器具類を取り付けて完成させる。

浴槽と洗面カウンターには、陶器ではなく**FRP（繊維強化プラスチック）**が用いられています。それまで浴室の重量は2tを超えていましたが、それを730kg程度と約1/3の重さまで軽量化！　その一方で、床はこれまで使い慣れたタイル張りとし、利用者に不安を与えないよう配慮。こうして**2か月**でユニットバスの据え付け工事を完了させました。このときの考え方が**ユニットバスの原型**となって、いまに引き継がれています。

回転レストランは砲台レストラン！

コロは砲塔を旋回させるための技術

コロ

ココ！

ホテルニューオータニで特徴的な**回転レストラン**。これはクライアントから「東洋一の回転ラウンジを最上階に載せること」と依頼されてできたものですが、コップの水を揺らさないようスムーズに旋回させるため、**戦艦大和の主砲の砲台**に使われていた技術が応用されています。回転盤を回すための**コロ**は120個使用されています。

127

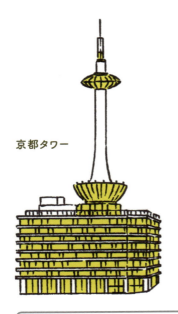

京都タワー

55 9階建てのビルに載せた100mのタワー
京都タワー（1964）

関連・メモ 超高層ビル・東京オリンピック・31m高さ制限
設計者 山田 守

　京都の中でも一目でわかるランドマークとなっている**京都タワー**。"9階建てのビルの上部に載せられた"タワーは、独特なユニークなかたちをしています。設計は、建築家の**山田守**(1894-1966)。ただ、最初からこのようなものが建つと構想されていたわけではありませんでした。

　当初の構想は、京都の財界が出資して観光会館を建設するもの。その後、ホテルや商店街、大浴場なども併設する複合ビルを建てることになったため、当時の建築基準法上の制限高さ(31m高さ制限：54参照)いっぱいの建物が計画されました。時代は**東京オリンピック**。各地でランドマークとなるタワーが建てられていた背景から「展望タワーを京都にも」と計画がもちあがり、**9階建てのビルの上部に載せることになったのです。タワー部は屋上工作物として建築が許可されました**。直接地盤に建つ他のタワーと異なる京都タワー独特のフォルムは、このようにして生まれたのです。

モノコック構造で軽量化

シリンダー部分は、飛行機や船のような外板に応力をもたせるモノコック構造。鉄骨量の軽減をするため厚さ12〜22mmの円筒形鋼板を平面形で4分割し高さを2.7mにしたパーツを23段積み上げて溶接接合している。

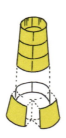

↓ たとえていえば

甲殻類のカニやエビのようなしくみです

山田守
建築家。
逓信建築の先駆者

1964年10月1日、東京と新大阪間に開業した東海道新幹線。京都タワーのシリンダーの色は新幹線0系と同じミルキーホワイト

地上131mの**京都タワー**の展望室は地上100mに位置します。ぼんぼりのような外部フレーム部分にガラスをはめる設計になっていましたが、曲面ガラス越しに見ると風景がゆがむことが工事中にわかり、フレームの内側に平面ガラスを設置する現在のような展望室となりました。その名残りとして、せり出した階段部分にのみ**曲面ガラス**を見ることができます。

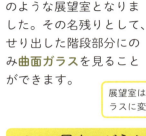

タワー部の重量800t

9階建てのビルは柱間7.2×7.2mのRCラーメン構造の建物

展望室は途中で平面ガラスに変えたんです

ビルの屋上にどうやって100mのタワーを載せるの？

そのナゾを解くために、タワー部の脚元と直下階の平面図を見てみます。タワーの脚部は**八角形**をしており、**8本の脚**に分かれてビルに載せられているのがわかります。そして、8本の脚はそのまま**ビルの柱**に接続するよう配置されているのです！

屋上階
（タワーの脚部）

直下階
（八角の間）

一般階

建設当時、「応仁の乱以来の破壊だ」との批判を受けた京都タワー。京都では東寺五重塔（高さ55m）よりも高い建物は建ててはならないという決まり（のようなもの）がありました。現在も京都タワーに関しての景観論争は続いています。当初は反対論が多かったようですが、年々京都人の好感度はよくなってきているといわれています。

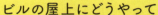

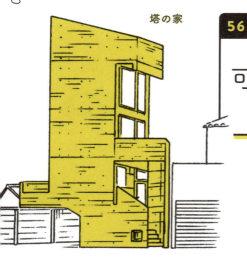

塔の家

56 都市住居の可能性を広げた金字塔
塔の家（1966）

関連・メモ 打放しコンクリート・ワンルーム・狭小住宅
設計者 東 孝光

みなさんは家を建てようと思ったら、どうやって敷地を選びますか？

わかります。
でも人気ある場所は価格も高め。

でも、あきらめなくても大丈夫！ ここで紹介する**塔の家**の敷地は、なんと**約6坪**（20.5㎡）！ このコンパクトな敷地に住むため、建築には多くの工夫があります。プランを見ると**ワンフロア・ワンルーム**です。そのワンルームには建具がないため、1〜5階まで縦につながるワンルームでもあるという断面構成。そして、どうやら狭いのにもかかわらず、**吹抜け**がある。

塔の家 平面図

2階

5階

1階

4階

地下1階

3階

**吹抜けが大きなポイントの
ひとつです！**

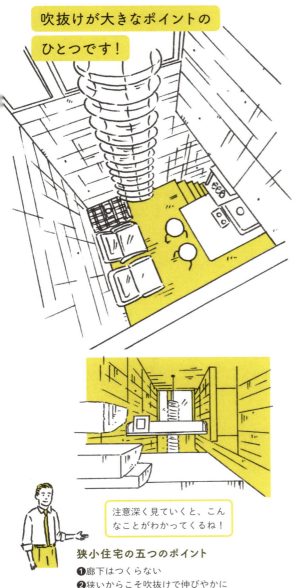

注意深く見ていくと、こんなことがわかってくるね！

狭小住宅の五つのポイント
❶廊下はつくらない
❷狭いからこそ吹抜けで伸びやかに
❸部屋同士は建具で仕切らず一体として使えるようにする
❹視線がよく抜ける方向へ大きな窓をつける
❺階段は全階同じ位置にして空間利用の効率性を上げる

こういった狭小住宅の五つのポイントは昨今の住宅においてもまったく共通です

吹抜けは**階段とセット**になっていて、各フロアをつないでいます。階段は**片持ち（キャンティ）**で出されていて、蹴込部分もなく手摺はありません。つまり視覚的に空間を遮るものがないように配慮されているのです。個室、さらに浴室やトイレのドアをつけないことによって、伸びやかなひとつながりの空間が生まれました！

さらに、吹抜けに面して**大きな窓**を設けることで、視線の抜けによる開放感も獲得しています。5層に室が積層されていることも重要です。これにより、室をつなげたまま視線をコントロールし、プライバシーを確保することができているのです。

東京都心のわずか6坪の土地に建てられた住まいは、多種多様な場所が創意工夫とともに散りばめられた、**大空間**なのです！

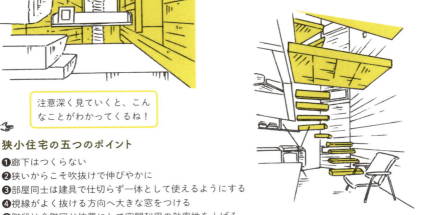

塔の家は都市に住むことの可能性を広げた、秀逸な建築といえるでしょう。

57 陸に上がったHPシェルの白鯨
もうびいでぃっく（1966）

関連・メモ　シェル構造・別荘・ワンルーム
設計者　宮脇檀

小説家ハーマン・メルヴィルの傑作に「白鯨（Moby-Dick）」という作品があります。そこから名づけられた山荘**もうびいでぃっく**は、1966年に完成した建築家**宮脇檀**(1936-1998)の実質的な処女作です。誕生の経緯を見ていきましょう。

断面図

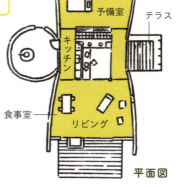

平面図

宮脇 檀
ボックス・シリーズと呼ばれる一連の住宅設計が有名

宮脇は、ある日、ファッションデザイナーとして名高いクライアントから山中湖畔に建てる山荘（セカンドハウス）の設計を依頼されました。そのクライアントとは、**石津謙介**(1911-2005)。1960〜70年代にかけて若者たちを席巻したアイビールックの生みの親で、ブランド「VAN」の創業者です。このとき、宮脇はまだ20代後半。まだ大きな実績もない建築家に、山荘という以外に「必要な条件なし、竣工期限なし、工事費の予算上限なし」という破格の条件で設計を依頼したのです。

石津は自らもクリエーターであることから、デザイナーの気持ちをすべての理解できたのでしょう。才能をも見抜く力がありました。

　この条件で燃えない建築家はいません。その結果、宮脇は山荘の設計に1年半を費やし、エスキースは実に「1000枚を超えた」といわれています。期間中にありとあらゆるかたちや構造が検討されたのはいうまでもありません。

　完成した**もうびいでぃっく**は、それまでにない構造の新しい概念の建築でした。外壁も屋根も**HPシェル**といわれる三次元曲面。両脇の壁を互いに固定するため**の梁は一切ありません。垂木**は無数にありますが、屋根の**棟木**はなく、棟のところで合掌している垂木は直に**突き付け**られています。そのため、内部は柱も梁もないシンプルな**ワンルーム**空間となりました。その中にベッドを載せた櫓が構造体に一切触れることなく置かれているのみ。

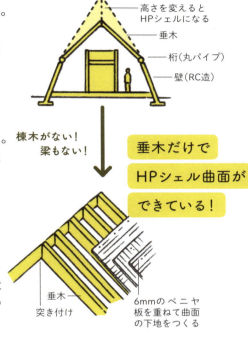

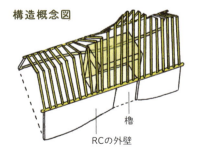

　鯨の背のような局面を覆う**野地板**は、薄いベニヤ板を何枚も重ね合わせて屋根の下地とし、屋根材は曲面になじむ**砂付きルーフィング**で葺いたのです。当時、曲面を葺ける屋根材はこの砂付きルーフィングだけだったといいます。

133

58 日本初の**超高層ビル**
霞が関ビル（1968）

2018年に50周年を迎えた**霞が関ビルは日本初の超高層ビル**です。高さ147m、36階建ての建物は日本の技術と材料でつくるメイドインジャパンの結集でした。1963年に建築基準法の改正で**高さ制限**が撤廃され、**容積率**（敷地面積に対する延べ面積割合）による規制に移行しました。さらに、容積率の規制を緩める特定街区制度も使用して**高層ビル建設**への計画が進行しました。

関連・メモ　超高層ホテル・31m 高さ制限
設計者　山下設計

霞が関ビル

竣工当時のまちの様子は、**31m高さ制限**のため建物は9階建て以下のビルが敷地いっぱいに建ち並ぶ状況でした。そこから**頭ひとつ飛び出した**のが**霞が関ビル**です。

現在の様子

周辺の建物が高層化してスケールが大きくなっても、街に開く**公開空地**をつくることで、人が集まれたり、まとまった緑を提供することができる。そんな理念が日本初の超高層ビルを生んだのでした

高層化というのは**容積を密集積層化**することを意味します。そうすることで、霞が関ビルでは地階に1万平方mの広大な緑のある広場（公開空地）を残すことができました。ただ単に高層化するのではなく、それによってもたらされる潤いのある美しい都市の環境が生まれるようにすることが重要だったのです。

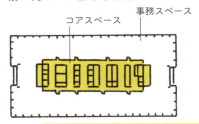

霞が関ビルの基準平面図
コアスペース
事務スペース

コア構造をしています。

　霞が関ビルでは中央部に平面を二分するように**コア（核）**がある。コアスペースには、EVや階段などの垂直動線、トイレなどの設備、配管スペース、空調機のダクトスペースなどが集約されているのです。

ワンフロアの大きさは約800坪。自由度が高い空間なのでテナントの目的に合わせて執務空間をつくることができます

日本初の超高層ビルのリニューアル工事。

仮設の事務スペース

　1989〜1994年に行われた、テナント124社、約7000人が働く霞が関ビルの**リニューアル工事**は、時代に合わせたOA化と空調や電源、給水のシステムの更新が目的でした。稼働するビルのリニューアルはとても難しい問題をはらんでいます。このときは広い空地の部分に**仮設の事務スペース**をつくり、オフィスで働く人たちを移動させました。この仮設の事務スペースは、霞が関ビルのワンフロア半分の400坪の大きさを東西に2棟つくりました。そのため、事務スペースの家具などのレイアウトを変えずそのまま移動することができました。同じ敷地なので、住所変更の必要もない、移転前と変わらない**利便性を確保するアイデア**でした。

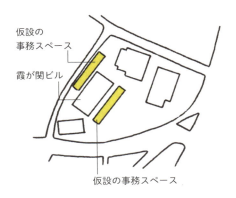

仮設の事務スペース
霞が関ビル
仮設の事務スペース

　また、ビルのリニューアル工事を機会に、テナント部分のレイアウトの変更や更新に対する要望にも応えて、快適なオフィス空間を実現しています。この後も1999年、2006年とリニューアル工事を行い、最新の設備へとアップグレードしています。**築50年で最新のビル機能**をもち合わせているのです！　時を経るに連れて成熟し、さらに価値を高める**経年優化**を実現している建築です。

59 「人類の進歩と調和」しない ベラボーなパビリオン
太陽の塔（1970）

関連・メモ 大阪万博・アート・丹下健三
設計者 岡本太郎

太陽の塔は、**大阪万博**（1970）のシンボルゾーンの**パビリオン**として、芸術家**岡本太郎**（1911-1996）のデザインでつくられました。万博のテーマは「人類の進歩と調和」でしたが、岡本太郎は、「人類は進歩なんかしていない、何が進歩だ！　太古の昔からどんとそこに生えていたんじゃないかと思われるような、そして周囲とまったく調和しないそういうものを突き付ける必要があったんだ！」と語っています。

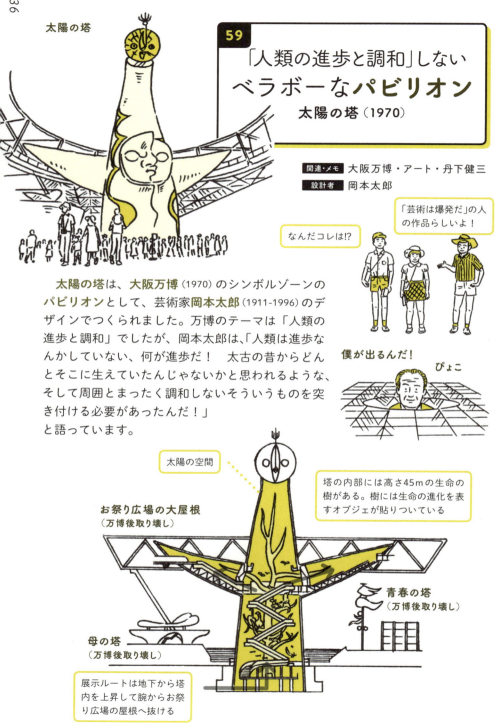

太陽の塔

「芸術は爆発だ」の人の作品らしいよ！

なんだコレは!?

僕が出るんだ！　ぴょこ

太陽の空間

塔の内部には高さ45mの生命の樹がある。樹には生命の進化を表すオブジェが貼りついている

お祭り広場の大屋根（万博後取り壊し）

青春の塔（万博後取り壊し）

母の塔（万博後取り壊し）

展示ルートは地下から塔内を上昇して腕からお祭り広場の屋根へ抜ける

太陽の塔はこのようにできています！

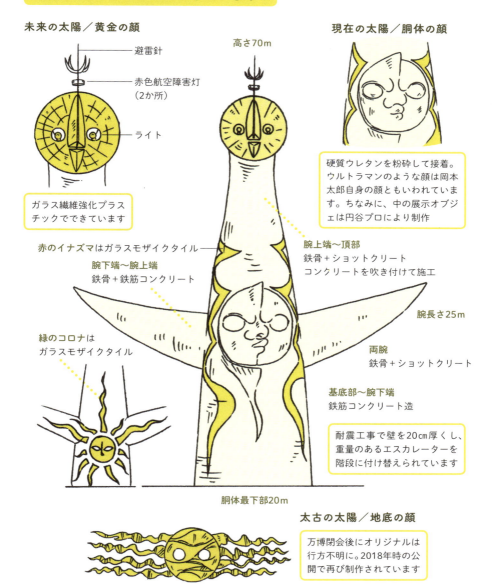

太陽の塔は万博終了後に保存活動が起こり、解体はされませんでしたが、長い間内部が使われることはありませんでした。2018年に耐震改修と消防法などの問題が解決され、常設の展示施設として48年ぶりの公開となりました。

中銀カプセル
タワービル

60 未来からやってきたカプセル
中銀カプセルタワービル（1972）

関連・メモ メタボリズム・カプセル・大阪万博
設計者 黒川紀章

浴槽　手洗い器

トイレ

浴槽、トイレ、洗面のユニットはなめらかな曲線を使った**未来的なデザイン**。異なる機能を一体化しているように見せている

中銀カプセルタワービルは、**メタボリズム建築**の代表作。設計したのは**黒川紀章**（1934-2007。菊竹清訓らとともにメタボリズム提唱者の一人。国際的に活躍した建築家）。「メタボリズム（新陳代謝）」とは、社会の変化や人口の成長に合わせて**有機的に成長する理念をもとにつくられた都市や建築**をいいます。「中銀」は**140のカプセル**からなり、必要に応じて**脱着可能**なかたちで構想されています。**カプセルの1ユニットの大きさは2.5×4.0×2.2m**。**カプセル住宅**という概念は**大阪万博**のときに生まれたものです。

この部分が倒れてデスクになる

円形の窓扇子のようなブラインドが付いていた

ベッド

宇宙船を思わせるデザイン

換気ガラリ

宇宙船のような未来的なデザインのカプセル！

世界初のカプセルホテルも黒川紀章。

みなさんは、**世界初のカプセルホテル**（カプセル・イン大阪）も黒川紀章によるものであることをご存知でしょうか。黒川はパーソナル用の寝室空間を**スリープカプセル**と呼び、当時最先端の新素材であった**FRP**（繊維強化プラスチック）が採用され、カプセルの耐久性や特徴的な曲面形状のデザインをかたちにしました。

以降、カプセルホテルという新しい業態名が広まっていくことになります。いまでは定番の宿泊施設は外国にも広がり、スタイリッシュなカプセルホテルが生まれています。

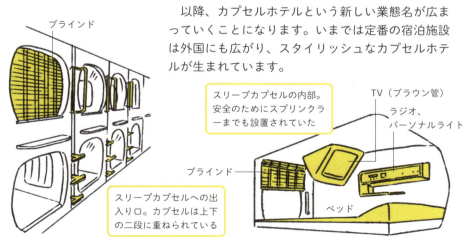

カプセル・イン大阪（1979）

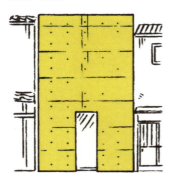

住吉の長屋

61 世間に衝撃を与えた 打放しコンクリート住宅
住吉の長屋（1976）

関連・メモ 都市住居・狭小住宅・モダニズム建築
設計者 安藤忠雄

　コンクリートは、水を入れると硬化するセメントに、強度を上げるための砂利・砂などを配合し、水とともに練り上げることでできる材料です。コンクリートでつくるメリットは、自由にかたちがつくれること、強度が高いことなどが挙げられます。
　ところで、よく聞く**打放しコンクリート**は、そうでないものとどこが違うのでしょうか？

型枠となるパネルは900×1800の規格品を使うのが一般的です

❶型枠を組んで　❷型枠の中で鉄筋も組んで　❸反対側にも型枠を組んで　❹コンクリート打設

打放しは工程が少ないからラク⁉

❺打放しは型枠を取れば完成

ここから仕上げを張る場合
左官で下地こしらえタイルを張って完成

　そうか。打放しは工程が少ないからラクなのか⁉　いえいえ……。打放しはパネルの継ぎ目、Pコンの跡、釘の跡、そしてなによりコンクリート打設の腕前が問われる、難易度の高い工法なのです。そんな打放しコンクリートの特性を活かした住宅が、大阪の下町に誕生しました！

それが安藤忠雄の設計した
狭小住宅の傑作「住吉の長屋」!

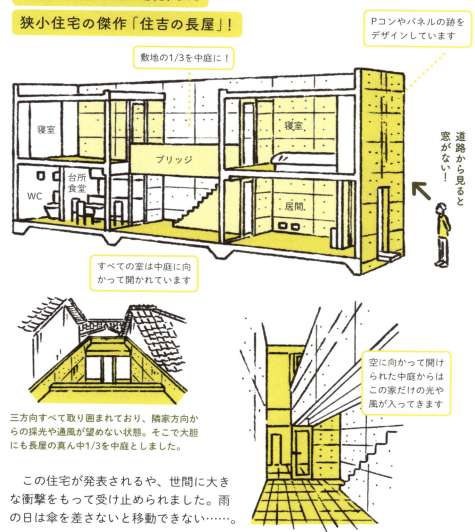

三方向すべて取り囲まれており、隣家方向からの採光や通風が望めない状態。そこで大胆にも長屋の真ん中1/3を中庭としました。

　この住宅が発表されるや、世間に大きな衝撃をもって受け止められました。雨の日は傘を差さないと移動できない……。

　設計した安藤忠雄（あんどうただお）(1941 -。打放しコンクリートと幾何学的を用いた建築で世界的に評価されている)は、生活に本当に必要なものは何なのか、本質を突き詰めて考えたそうです。さらに、「中庭という小宇宙の中にかけがえのない自然があり、狭い中にも豊かさを感じられる住宅をつくりたかった」と述べています。暑さ・寒さをダイレクトに感じる生活空間。光や時の流れといった自然の変化と向き合う住まい。一見、不自由に思えることが逆に豊かさを生み出す。まさに逆転の発想といえるでしょう。

海の博物館・収蔵庫

展示棟　収蔵庫

62 文化財を守る プレキャストコンクリート
海の博物館・収蔵庫（1989）

関連・メモ　大空間・打放しコンクリート
設計者　内藤 廣

博物館には、人類の歴史的な財産といえる**大切な文化財を収蔵する**という機能が求められます。場所は三重県鳥羽市。**海の博物館**は、名前のとおり海のすぐそばに建てられることが想定され、漁業にまつわる貴重資料を展示・収蔵することが求められていました。そんな博物館の収蔵庫の構造にはどんなものがふさわしいでしょうか……？

コンクリート造？

耐火・遮音・耐震とどれも性能が高い。しかし、塩害によりコンクリートの中の鉄筋が錆びてしまうことが考えられます。また現場打ちコンクリートだと、品質にもバラつきが出ます

さらに展示品、収蔵品の変質・劣化防止のため、コンクリート打設後に躯体から拡散されるアルカリ質の除去を行うシーズニングが必要となります

そこで採用されたのが、プレキャストコンクリート（PCa）。

プレキャストコンクリートは、あらかじめ工場でつくる（組み立てのみ現場で行います）ため、天候に影響を受けないので、**高品質かつ高強度**（通常のコンクリート強度の約3倍）です！

プレキャストコンクリートとは

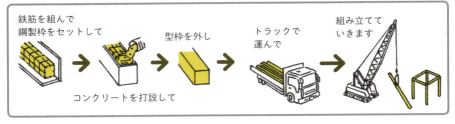

鉄筋を組んで鋼製枠をセットして　コンクリートを打設して　型枠を外し　トラックで運んで　組み立てていきます

文化財を収蔵することをふまえ、屋根は日本の伝統的な瓦にすることにしました。そうすると、屋根勾配が必要です（5寸勾配が好ましい）。館長からは「間取りや収蔵品の変更に耐えられるように」との要望が。勾配を確保しつつ大空間が必要です。
　設計を手がけた建築家内藤廣（1950－。公共建築や駅舎などを数多く手がけ、高く評価されている）は当時30代。時代はバブル全盛期。そのため、周囲には坪単価200万円や250万円という仕事がザラにありました。そんな浮足立った世の中の雰囲気をよそに、「100年もつ建築をつくる」と決死の覚悟でこの仕事に取りかかったといいます。それらを検討して生まれたのが……

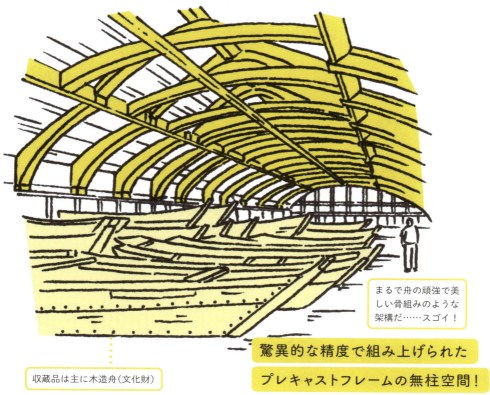

まるで舟の頑強で美しい骨組みのような架構だ……スゴイ！

収蔵品は主に木造舟（文化財）

驚異的な精度で組み上げられたプレキャストフレームの無柱空間！

　18mのスパンをプレキャストフレームで架け渡しています。また、この収蔵庫は坪単価40万円程度と驚異的なローコストでできています。
　内藤は完成した収蔵庫の躯体を見たときに、「はじめて建築家として生きる決心がついた」と語っています。その後、海の博物館（収蔵庫と展示棟（1992）などからなる）は1993年日本建築学会賞を受賞するなど、建築として高く評価されました。考え抜き工夫することで、コストがなくとも時代を代表する傑作が生まれることを証明しました。

紙の教会

63 阪神・淡路大震災の教訓としての**紙の建築**
紙の教会（1995）

関連・メモ 紙管・シェルター
設計者 坂 茂

　阪神・淡路大震災（1995）で焼失した地元教会のために、多くのボランティアの手によって建てられた**紙の教会**はご存知でしょうか。その名のとおり、紙＝紙管でできています。「紙管」とは、トイレットペーパーやサランラップなどの芯、建設現場ではコンクリートの丸柱の型枠として使われている、身近な材料です。ではなぜ、このような建築が誕生したのでしょうか？　教会は震災の際、ボランティア基地でした。ここに、日本政府がはじめて受け入れたベトナム難民の人たちが信者として通っていることを新聞で知った建築家**坂 茂**（1957-）は、「外国人は日本人以上に大変な思いをしているだろう」と考え、現地に向かったと回顧しています。

　その後、神父との信頼関係を築き、**地域住民の復興拠点となる集会所**を建設することとなりました。このとき**建設費用とボランティア**は建築家が自前ですべて集めました。そして、必要な条件を整理しました。

| 保健室や食堂のプレファブが建っている間にぽっかりと空いていた10×15mの土地に建てる | ローコスト、かつ学生ボランティアで重機を使わずに簡単に安全に組み立てられる工法とする | 復興し、役割を終えたとき別の被災地に移設できるよう解体しやすいように |

導き出されたのが紙管で建築をつくることでした。

坂 茂（ばんしげる）

　紙管であれば、とても軽いので倒れてきてもケガをすることはありません。阪神・淡路大震災の際に建物の倒壊によって多くの人命が奪われたことの**反省・教訓**でもありました。

紙管の特徴
⇒ 人手で運搬・組立・解体できる
⇒ 身近で手に入りやすい・安価
⇒ 交換・リサイクルしやすい
⇒ 簡単に防水や難燃化ができる
⇒ 軽いので倒れても安心

建築家として国内外で活躍するかたわら、紙管などを利用した災害支援活動で知られる

こうしてできたのが、10年間地元の人々に愛された紙の教会です！

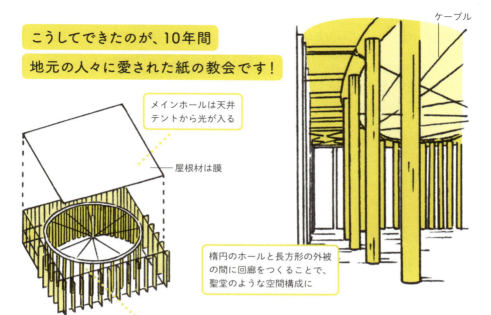

メインホールは天井テントから光が入る

屋根材は膜

楕円のホールと長方形の外被の間に回廊をつくることで、聖堂のような空間構成に

ケーブル

直径33cm、長さ5m、厚み15mmの58本の紙管で80席が入る楕円形のホールを配置

紙の教会は震災から10年後の2005年、建設当初から「他の被災地で使えるように」という意図どおり、台湾大地震の被災地へと送られました。

建築家の社会貢献

坂は、神戸のベトナム難民のための仮設住宅**紙のログハウス**や、トルコ大震災や西インド大震災の際にも紙のログハウスを建設しました。

紛争地域へも自ら赴き、内戦で難民となった人々のための**紙管シェルター**など、社会貢献を続けています。いったいそのバイタリティはどこから生み出されるのでしょうか。わたしたちが大いに見習うべき姿勢です。

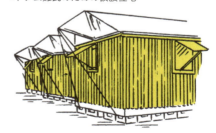

紙のログハウス（神戸）
ベトナム難民のための仮設住宅

紙管シェルター（ルワンダ）
内戦で難民となった人のための避難シェルター

64 巨大コンコースは大舞台に変化する
京都駅ビル（1997）

コンコースとは、一般的に**通路が交差する場所**や**大通路、中央広場**を表す言葉です。

京都駅ビル

関連・メモ　ファザード
設計者　原 広司

現在の**京都駅ビル**は、コンペ方式で**原広司**（1936－。1970年代に世界各地を廻り集落調査を行う。理論と実作を高いレベルで統合する建築家）の設計案が選ばれ、つくられたものです。

京都の玄関口となる駅ビルとは、どういうものであるべきでしょうか？ 歴史とどう融合させるかが重要です。ポイントになるのは**コンコース**にほかなりません。

せっかく新しくするのに通る機能だけなんてもったいないな……

人を惹きつける魅力的な場所はつくれないか……

人の集まる場所を分散させていろんな道筋を通れるようにしよう！

また原は**ポストモダン**での設計者でもあります。ポストモダンの傾向として、**現在の都市の状況を反映した建築をつくろうとすることがあります。歴史的な建築物が参照され、地域の特性を反映した建築の表現が**追及されたポストモダンは1980年代に一世を風靡しました。京都駅ビルにはまさにポストモダンのような形態もあちこちに散りばめられています。

「ポストモダン」とは脱近代、つまりモダニズムから脱却しようとする思想運動のことです。建築分野に端を発し、哲学やファッションの分野まで浸透。1980年代の世界的文化傾向を示すものとなりました。

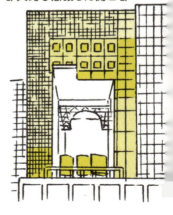

都大路を意識した開口部

こうしてできた**京都駅ビル**！
もっとも特徴的なのは、**大きな階段、大きな吹抜け、**交錯する大通路がある**渓谷のような巨大コンコース**です。

空中の坪庭

人々が交錯する渓谷のような巨大コンコース！

たしかにこの巨大空間はスゴイ！

　この空間構成であれば、訪れた人々はさまざまな出来事に出会うことができます。それも立体的に。まるでコンコースは大舞台そのもの。特にコンサート時など、**大階段に人々が腰を下ろし集う姿は圧巻**です。

　コンコースは通るという目的以外にも、利用者が寄り道できるような、何があるかわからないワクワクする空間だと面白いのです。
　空港や駅などでちょっと意識的に探してみてください。きっと魅力的で楽しいコンコースがいろいろなところにあるはずです。

せんだいメディアテーク

65 街とつながるユニバーサルスペース
せんだいメディアテーク（2001）

関連・メモ ドミノシステム・チューブ
設計者 伊東豊雄

ユニバーサルスペースは、モダニズムの理念のひとつで、**内部空間を限定せず**自由に使えるようにしようというものです。

ドミノシステムとは、床やそれを支える柱、それらをつなぐ階段という最小限の要素で構成された部材によって、建築を大量生産するためのシステムです。

　この**二つの理念**をもとに、いまの高層ビルはつくられています。なぜなら、「**均質であることは合理的で無駄がない**」ためです。しかし本当に均質な空間は、人が過ごす場としてふさわしいのでしょうか？　2001年に完成した**せんだいメディアテーク**によって、ユニバーサルスペースの概念は**根底から覆される**ことになります。

設計者の**伊東豊雄**(いとうとよお)（1941–）。国際的にも評価の高い建築家）は均質空間に対して場所の変化を与えたかったそうです。そこで徹底的に**薄いスラブ、海草のようなチューブの柱、ファサードのスクリーン**、この三つをピュアに表現することを考えました。

造船技術が採用され、溶接でつくっていくという高難度の施工！

この案を実現するため、**ねじれたチューブ**（柱）を考えます。この構造の方がより粘り強く、空間の**不均質性**に寄与します。

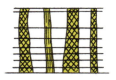

ユニバーサルスペースは、グリッドによる幾何学の均質空間です。それを**ランダムな柱**によって人工グリッドを消し、フレームも消しました。

> 現れたのは息を呑むほど透明で美しい建築でした！

柱であるチューブが空洞だから、光や風、さらに上下階の様相が伝わってくるね！

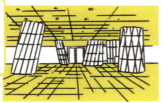

建築によって人の行動を規制するのではなく、森の中のように本能的に居場所を見つけられるような場が生まれているね！

それの効果を高めているのが極限まで薄くしたスラブなんだ

せんだいの柱を見ると、鋼管のピッチには一定の法則があります。木も細胞レベルで見ると、ある一定の法則でつくられているのがわかります

だけど森になるとそのことは意識しませんね。せんだいって森に似ています

　自然の森のような、**不均質なユニバーサルスペース**ともいえるこの建築は、世の中に衝撃を与えました。また**透明**であるがゆえに中の様子がわかりやすく、利用者が気軽に訪れやすくなったことはいうまでもありません。建築はどこまで自然に近づけるか、あるいは自然と一体化できるか。人が自然の一部である以上、このことは大きなテーマなのかもしれません。これから先も不均質なユニバーサルスペースから目が離せなくなりそうです。

メゾンエルメス

66 ガラスブロックを纏った光の宝石箱
メゾンエルメス（2001）

関連・メモ　心柱・ユニバーサルスペース
設計者　レンゾ・ピアノ

　高級ブランド、エルメスのことは知っている方も多いと思います。**メゾンエルメス**はエルメスにとって日本初となる旗艦店となるため、大変重要なプロジェクトでした。設計を任されたのは**レンゾ・ピアノ**（1937–）。パリの「ポンピドゥー・センター」や「関西国際空港」といった名建築をつくってきたイタリア人建築家です。

　ピアノは**ヴェール**に包まれているような、**透明な内部空間**を求めていました。そこでガラスブロックの採用を思いついたのです。

　ピアノが求める空間をつくるためには、構造設計が肝心になってきます。担当したのはArup JAPANの構造エンジニア・**金田充弘**（1970–）。

ガラスブロックがいいか……
柱も細く……
レンゾ・ピアノ

ピアノが求める空間をつくるには……
主張しないようなテクノロジーを考える必要があるな……

とても細長い敷地

地震の横揺れに対して脚部が浮き上がるメカニズム。エネルギーの吸収を行うダンパーも取り付けられている

　金田は検討を重ね、地震力は**店舗背後の架構に力を集中**させました。そうすることで**柱は細くなり、細長い敷地に合ったスレンダーな構造体**となります。さらに地震時に浮き上がる柱の構造の必要性を、同様ともいえる構造で数百年と建ち続けている**五重塔**を例に出して説明しました。**地震時に浮き上がる柱**は**世界初**の試みでもありました。

　このしくみにより、柱を浮かないときと比べて引張力を1/3に抑えることができ、柱を550mm角まで小さくできました。

> レンゾ・ピアノが「マジック・ランタン」と呼ぶ
> 新しい建築が完成しました！

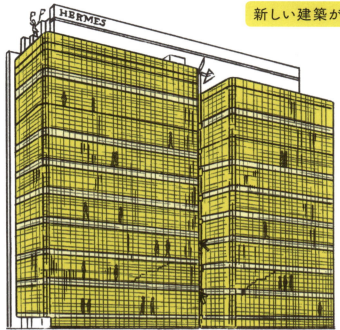

ワオー

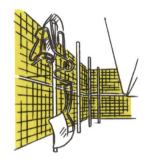

> 内部のギャラリー。ガラスブロックによって抽象的な空間となっている

外壁面がすべてガラスブロックで構成され、設備開口なども一切見えないため、まるで大きな光の宝石箱のよう！

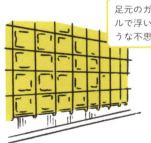

> 足元のガラスブロックが地面レベルで浮いているので、無重力のような不思議な光の箱に見える

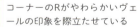

> コーナーのRがやわらかいヴェールの印象を際立たせている

　東京の街の特徴として、絶えず変わり続け、さらに急激に変化することが挙げられます。特に夜はその性格が顕著に現れるといえます。このメゾンエルメスは、光のヴェールを介して社会とのつながりをもっているともいえるでしょう。建築と社会のつながり、そんなことに気づくと銀ブラがもっと楽しくなるはずです。

151

森山邸

67 リビングやキッチン、個室がバラバラの**分棟**に
森山邸（2005）

関連・メモ　DK・白い箱
設計者　西沢立衛

みなさんの家はどんなプラン（間取り）ですか？

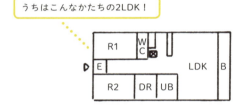

うちはこんなかたちの2LDK！

このような間取りは多いですよね。当たり前ですが、ひとつの家の中にリビングやキッチン、個室が入っている。

しかし、中にはこんなプランもあるのです。2005年に完成した**森山邸**です。**賃貸＋オーナー住戸**です。

ひとつの敷地なのにいくつも建物がある……。お風呂がどこにもくっついていない……。楽しそう！

どう考えればこんなふうになるのでしょうか？

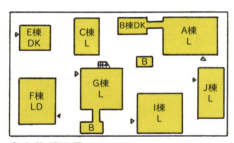

森山邸 平面図

一般にひとつの建物では同じ部屋、同じかたち、同じ庭になりがちです。

そこで大きなひとつのボリュームを**分棟配置**にしてみましょう。なにやら隙間や余白が生まれてきました。

ひとつひとつの**ボリューム**の高さを変えて、窓もいろいろな大きさに。配置もランダムにしてみましょう。かたちは楽しそうで**路地**のような場所もあります。

森山邸は1棟で住宅の機能を満たすものもあれば、「リビングだけ」「浴室だけ」の棟もあります。**分棟**にすることでひとつひとつのボリュームを低減させ、周囲の街並に対する圧迫感を減らしています。壁も薄くできているため、とても軽やかな印象を受けます。

　また分棟にすることで、**適度な余白**が生まれています。この余白によって**さまざまな大きさの庭**ができました。**大小いろいろな窓**で内部からは変化に富んだ風景を楽しむことができます。

　家具や内装、建築、さらに街が全部一体としてつながるように計画されています。
　緑に包まれた気持ちのいいダイニング、空に近く眺めのいい寝室、ちょっと独りになりたいときの離れ。開放感あふれる天井がとても高い部屋……。

　森山邸の豊かな空間は生活を**ひとつの屋内で完結させない**という発想から、屋外や全体につながることで可能になったのです。
　住まいをつくるとき、ちょっと発想を変えれば多様性にあふれた魅力的なものができることでしょう。

68 都市住宅における寄棟屋根のフシギ
都市部の住宅街

関連・メモ　斜線制限・屋根形状
設計者　　　──

一部だけ低い……？

寄棟屋根は昔からある屋根の形式のひとつです。四方すべてに屋根が架かっているため、建物を雨風から守るのにとても都合がよい。自然の法則に逆らわないデザイン！

寄棟屋根

つくる手間はかかるが美しく迫力ある入母屋屋根。寺社に多いですね。屋根によって雰囲気も特色も変わりますね。

入母屋屋根

シンプルな形状が魅力の切妻屋根。妻面から採光・通風もできます。

切妻屋根

こんなにいっぱい？

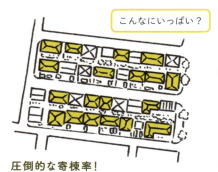

圧倒的な寄棟率！

では現代の日本の住宅街に寄棟屋根が多いのは、風雨に耐えるためでしょうか？
　半分正解で、半分は違います。なぜなら日本には斜線制限という法律（建築基準法）があるためです。他にも道路斜線制限や北側斜線制限、高度地区による斜線制限、日影規制など、高さを規制するものがたくさん。

その中でも第一種高度地区制限(東京都条例の場合)はキビシイ！この場合、真北から建物までの距離に0.6をかけ、それに5mを足した高さ以下にしなければなりません。仮に0.8m離れているなら、

$0.8 × 0.6 + 5m = 5.48m$

道路斜線は4mの道路幅員（住居地域の場合）なら

$4m × 1.25 = 6m$

また真北の向きも大変重要です。

北側からの制限で**二辺**、道路側で**一辺**の制限です。すると少なくても**三辺は勾配が必要**（陸屋根にすると2階の天井がさらに下がってしまいます）。ということで、屋根を斜めに傾斜させる必要があり、**寄棟屋根になる**というわけです。寄棟は四辺を屋根にできるので大変都合がよい。

かつての民家に見られたような寄棟屋根とは主旨が変わり、**法規に逆らわないかたち**なのです。もっともこれがなければ、北側にある隣家は日の光が差し込みづらくなります。かくして日本の住宅街は寄棟屋根が増えるべくして増えたのでした。

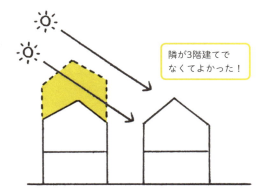

69 重力への挑戦 キャンティ
ホキ美術館（2010）

日本初の写真絵画専門美術館はワイルド！

ホキ美術館

関連・メモ ピロティ
設計者 日建設計

キャンティとは、おいしいイタリアワイン…でもありますが、建築で**キャンティ**（またはキャンティレバー）というと、**建築本体から飛び出ている部分**をいいます。

このキャンティ、実はとっても便利。キャンティの下に車を駐車したり、テラスにして半屋外空間として使ったりできます。

千葉にある**ホキ美術館**はなんと**30mのキャンティ**！ どうしてこんなに長く飛び出せるのでしょうか？ しかもよく見ると、跳ね出している部分はガラスが水平方向に長〜く設けられています。

イタリアはトスカーナ州産のキャンティでございます

美味しい！どこですか？

キャンティはこんな感じで都市部の住宅にもよく使われています

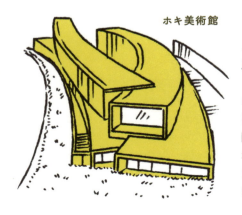

ホキ美術館

キャンティ部は中骨を二枚の鋼板で挟み込んだ**サンドイッチ構造**で、屋根、壁、床で構成されています。柱、梁形状のでないフラットな面により、カルバート状の構造が形成されているのです。つまり、30mのキャンティは、壁部分を一層分の大きな梁と見立てれば問題ないのです。ガラスの欠損によってねじれ剛性が不足しますが、反対側に二枚の壁を目立たないように配置し、屋根と床を出すという方法で大胆に解決しています！

> こうして30mのキャンティをもつ
> 美術館が完成しました！

> ところで、どうしてこんなに長いかたちになったの？

　それはオーナーである保木氏のコレクション（写真絵画）をすべて並べると、500mもの長さになるためです。絵画のサイズは大小さまざま。なので一律に太い廊下は不要でした。

　公園の反対側は住宅地なので、上下に壁を分割して圧迫感を低減する狙いもありました。

> 細密画はとても繊細なので、空間は可能な限りシンプルに。壁面の目地、ピクチャーレールやワイヤーをなくし、鑑賞時の視界には目の前の絵画以外、鑑賞の妨げとなるものがないようにする徹底ぶり

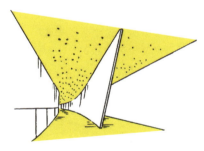

> その結果、カーブを描き、幅が細くなるギャラリーが重なって、地下に潜っていくような回廊型になりました。全部合わせるとその長さなんと500m！

　展示する美術と建築がここまで一体になった空間には、なかなか出会えません。街でこんなインパクトのある建築を見かけたら思わず「入ってみよう」という気にもなるのではないでしょうか。美術の鑑賞のみならず、食事をすること、ワインを飲むこと、環境などあらゆる行為と事象を再構築しつなげることで、美術館でありながら美術館以上のものが生まれたのです。

158

豊島美術館

70 アートと一体になる土型枠による**シェル構造**
豊島美術館（2010）

関連・メモ　シェル・コンクリート・アート
設計者　西沢立衛

海を近くに望み、棚田が広がる緩やかな傾斜地に真っ白い三次元曲面の大屋根が地表を覆うように浮かぶ**豊島美術館**をご存知でしょうか？　薄いコンクリートの**シェル構造**によって、滑らかな曲面が実現されています。

この美術館には、一般的なシェル構造とは一線を画す新たな工法が用いられています。なだらかな三次元曲面をつくるには従来の**支保工型枠**では困難です。建物の内外に**継ぎ目のない形状**をつくるために考案されたのが、土を盛った**土型枠**により曲面をつくり出し、コンクリートを打設する方法。コンクリートが硬化した後に中の土をかき出すという施工計画でした。

通常のシェル構造であれば、ベニヤを使った**支保工型枠**という工法で曲面を再現できます　→　でも、豊島美術館はシームレスな曲面。支保工型枠では美しく仕上げるのは困難です

そこで、盛土でかたちをつくる土型枠を採用！

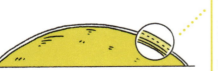

土型枠の表面にはバッサモルタルを塗り重ね、より平滑な曲面をつくり出します。この上にはさらに剥離剤が塗られ

コンクリート硬化後、6週間かけてかき出す

曲面をより細かく成形するための三次元測量。計測ポイントはなんと約3600か所。

> こうして継ぎ目のない
> シームレスな美しい三次元曲面が完成！

　ガラスも何もない二つの**大開口**からは、光や雨、瀬戸内海の美しい自然が内部へとそそぎ込まれ、環境との連続性が意識されていて、屋内のような屋外のような何とも不思議な空間です。

　内部には床に開いた小さな穴より少しずつ水が湧き出て1日を通してあるポイントに小さな「泉」をつくり出す**内藤礼**による**アート作品「母型」**が設えられています。豊富な湧き水をもった豊島にふさわしく水の粒は井戸を掘って汲み上げた天然水で、ここでも環境との一体化がめざされているのです。

　豊島美術館は周辺環境と一体化するよう天井高を低く抑え、まるで丘のような形状をしています。ドーム状の屋根であれば頂部が高いほど構造が安定しますが、このような頂部が低い偏平な形状は構造的負担が大きいはずですが、課題をクリアし薄いコンクリートで大屋根が実現されており、建築が自然に溶け込んでいるところも見事です。

内藤礼によるアート作品

東京オリンピックメインスタジアム
ザハ案

71 本当に**アンビルト**になってしまった競技場

東京オリンピックメインスタジアム ザハ案（2013）

関連・メモ	東京オリンピック・競技場
設計者	ザハ・ハディド

アンビルトとはなんでしょうか……？　ここで仮に、これまでにないとてもワクワクする建築を構想したとします。

アンビルトとは

「こんなのをつくろうと思う！」

「言葉じゃよくわからないよ……」

たとえば頭の中で考え、言葉にしただけではどんなかたちか他人にはわかりませんね。

「そうですよね、じゃあ具体的に図面と模型を出します！」

そこで模型やパース、図面で形をうまく伝えたとします。ところが技術やコストの面でつくることができない。

「なるほど……」

「でも難しすぎて施工できないと思うよ……」

ですから、案がビジュアライズされたものの、**実現されていないもの**をいいます。

歴史上、これまでもいろいろな**アンビルト**がありました。ルネサンス期のレオナルド・ダ・ヴィンチやパラーディオ、ピラネージ……。20世紀に入ってからはル・コルビュジエやピータ・クック……。彼らの案はたとえアンビルトであったとしても、その後を生きる建築家たちに**少なくない影響**を与えました。さらに、アンビルトにはデビュー前の建築家たちが、自らの存在をアピールするというメリットもあるのです！

「すごいアイデアだ……」
「面白いなあ……」

ミースによるフリードリヒ街オフィスビル案（1921）

建築家の中には「アンビルトの女王」と呼ばれる女性がいました。彼女の名はザハ・ハディド（1950 -2016。イギリスを拠点に活躍したイラク出身の女性建築家）。

なぜアンビルトの女王なのか？　それは彼女の提案が、当時の技術（1980年代）では到底実現できないものばかりだったからにほかなりません。しかしテクノロ

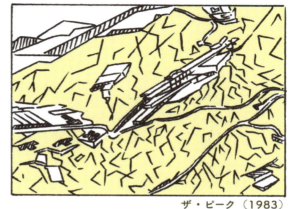

ザ・ピーク（1983）

ジーの進化によって、2000年代以降、ザハの提案は徐々に実現されはじめます。「ヴィトラ消防署」（ドイツ）、「アクアティクスセンター」（ロンドン）、「ジョッキークラブ・イノベーションタワー」（香港）など……。すると、「もはや彼女はアンビルトな建築家ではない」といわれはじめました。そんな中、ザハが最優秀を獲得した日本のコンペによって世界に波紋を広げます！　それがみなさんご存知、東京オリンピックメインスタジアム！

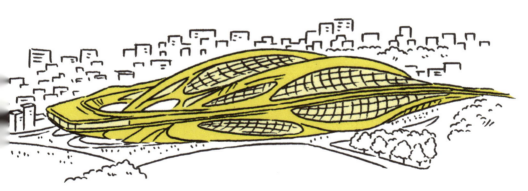

なんとエネルギーに満ちた形態でしょう！

まるで生命が宿っているかのような凄みまで感じさせます。圧倒的な造形性、祝祭性に富んだ空間演出、さらに大胆な構造……。

ところが、事情によってザハ案がつくられることはありませんでした。しかしあの宇宙船のような強烈な姿は忘れることができません。もし実現していたらどんな空間になっていたのか……などと考えてしまいます。まだ見ぬ未来を予期させる。これこそがアンビルトの最大の魅力なのかもしれませんね。

72 集成材が木の大空間を可能にした

静岡県草薙総合運動場体育館（2015）

関連・メモ　ブレース・大空間・集成材
設計者　内藤廣

　スポーツには大〜きな空間が必要です。**静岡県草薙総合運動場体育館**は静岡県が良質な杉の産地であることから、**県産木材の活用**が大事な要素でした。
　さて、木材で一般的に飛ばせる**スパン**（支点柱間の距離）はどれくらいでしょうか？

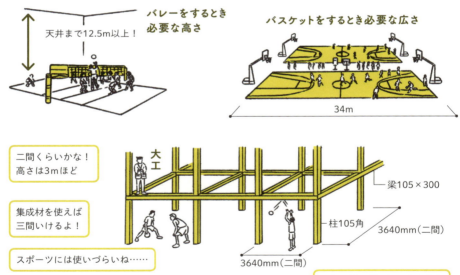

　でも、どうにか木を使いたい！
　そこで**集成材**によって**大架構**を考えることになりました。「集成材」とは、断面寸法の小さい木材同士を接着させることで、大きな寸法に再構成した木質材料です。強度も高いため、近年その使用が増えてきました。こうして地元の杉材による集成材で構築された建築が……、**静岡県草薙総合運動場体育館**です！

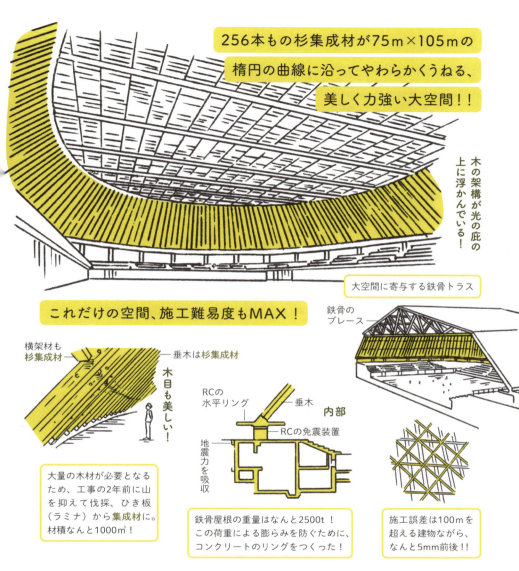

　日本の木造の歴史は1000年をはるかに超え、木造技術は世界最高水準です。
　近代になってコンクリートと鉄が日本に入ってきましたが、すでに西洋に追いついた施工レベルといえるでしょう。この三つがすさまじいレベルで融合したからこそ、建築の力を感じずにはいられないような**大空間**が誕生したのです。未来に向かって建築は進化を続けるでしょう。これからも、海外から入ってきたモノ、技術を取り込んだ上で進化させて、日本らしい建築が生まれてくることを期待したいですね。

所在地リスト

01	三内丸山遺跡	青森県青森市大字三内字丸山305
02	法隆寺五重塔	奈良県生駒郡斑鳩町法隆寺山内1-1
03	伊勢神宮	三重県伊勢市宇治館町1（内宮）
04	出雲大社	島根県出雲市大社町杵築東195
05	春日大社	奈良県奈良市春日野町160
06	平等院鳳凰堂	京都府宇治市宇治蓮華116
07	投入堂	鳥取県東伯郡三朝町三徳1010
08	法界寺阿弥陀堂	京都府京都市伏見区日野西大道町19
09	信貴山縁起絵巻	―
10	東大寺南大門	奈良県奈良市雑司町406-1
11	三十三間堂	京都府京都市東山区三十三間堂廻町657
12	円覚寺舎利殿	神奈川県鎌倉市山ノ内409
13	慈照寺東求堂	京都府京都市左京区銀閣寺町2
14	箱木千年屋	兵庫県神戸市北区山田町衝原字道南1-4（移築）
15	妙喜庵待庵	京都府乙訓郡大山崎町大山崎竜光56（移築）
16	松本城	長野県松本市丸の内4-1
17	二条城	京都府京都市中京区二条通堀川西入二条城町541
18	桂離宮	京都府京都市西京区桂御園
19	如庵	愛知県犬山市犬山御門前1（移築）
20	蜜庵席	京都府京都市北区紫野大徳寺町14（非公開）
21	日光東照宮	栃木県日光市山内2301
22	曼珠院八窓軒	京都府京都市左京区一乗寺竹ノ内町42
23	白川郷合掌造	岐阜県大野郡白川村荻町1086
24	旧閑谷学校	岡山県備前市閑谷784
25	掬月亭	香川県高松市栗林町1-20-16
26	旧田中家住宅	東京都板橋区赤塚5-35-25（移築）
27	大浦天主堂	長崎県長崎市南山手町5-3
28	富岡製糸場	群馬県富岡市富岡1-1
29	旧開智学校	長野県松本市開智2-4-12
30	旧岩崎邸	東京都台東区池之端1-3-45
31	銘苅家住宅	沖縄県島尻郡伊是名村字伊是名902
32	赤坂離宮	東京都港区元赤坂2-1-1
33	横浜赤レンガ倉庫	神奈川県横浜市中区新港1-1
34	大谷石採掘跡	栃木県宇都宮市大谷町909
35	自由学園明日館	東京都豊島区西池袋2-31-3
36	旧帝国ホテル	愛知県犬山市字内山1番地（移築）
37	求道学舎	東京都文京区本郷（集合住宅）
38	武居三省堂	東京都小金井市桜町3-7-1（移築）
39	一橋大学兼松講堂	東京都国立市中2-1
40	聴竹居	京都府乙訓郡大山崎町大山崎谷田31
41	築地本願寺	東京都中央区築地3-15-1
42	軽井沢夏の家	長野県北佐久郡軽井沢町大字長倉217（移築）
43	旧朝香宮邸	東京都港区白金台5-21-9
44	土浦亀城邸	東京都（個人宅）
45	旧杵屋別邸	静岡県熱海市（個人宅）
46	前川國男邸	東京都小金井市桜町3-7-1（移築）
47	戸塚四丁目アパート	東京都（現存せず）
48	斎藤助教授の家	東京都（個人宅）
49	最小限住居	東京都（個人宅）
50	香川県庁舎	香川県高松市番町4-1-10

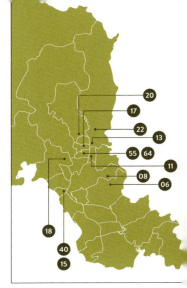

京都府

51	スカイハウス
52	国立西洋美術館
53	国立代々木競技場
54	ホテルニューオータニ
55	京都タワー
56	塔の家
57	もうびぃでぃっく
58	霞が関ビル
59	太陽の塔
60	中銀カプセルタワービル
61	住吉の長屋
62	海の博物館
63	紙の教会
64	京都駅ビル
65	せんだいメディアテーク
66	メゾンエルメス
67	森山邸
68	寄棟屋根
69	ホキ美術館
70	豊島美術館
71	東京オリンピックスタジアム・ザハ案
72	静岡県草薙総合運動場体育館

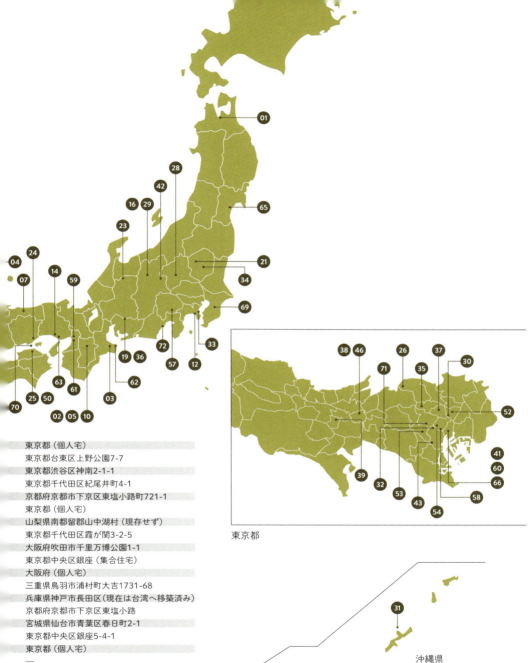

東京都（個人宅）
東京都台東区上野公園7-7
東京都渋谷区神南2-1-1
東京都千代田区紀尾井町4-1
京都府京都市下京区東塩小路町721-1
東京都（個人宅）
山梨県南都留郡山中湖村（現存せず）
東京都千代田区霞が関3-2-5
大阪府吹田市千里万博公園1-1
東京都中央区銀座（集合住宅）
大阪府（個人宅）
三重県鳥羽市浦村町大吉1731-68
兵庫県神戸市長田区（現在は台湾へ移築済み）
京都府京都市下京区東塩小路
宮城県仙台市青葉区春日町2-1
東京都中央区銀座5-4-1
東京都（個人宅）
—
千葉県千葉市緑区あすみが丘東3-15
香川県小豆郡土庄町豊島唐櫃607
東京都新宿区霞ヶ丘町（実現せず）
静岡県静岡市駿河区栗原19-1

東京都

沖縄県

参考文献

『意中の建築 下巻』中村好文 著　新潮社　2005

『陰翳礼賛』谷崎潤一郎　中央公論新社　1975

『エスプリ・ヌーヴォー』ル・コルビュジエ 著　山口知之 訳　鹿島出版会　1980

『江戸・王権のコスモロジー』内藤正敏 著　法政大学出版局　2007

『岡本太郎と太陽の塔』平野暁臣 著　小学館クリエイティブ　2008

『花鳥風月の日本史』高橋千劔破 著　河出書房新社　2011

『桂離宮』村田治郎・関野克・宇土條治 監修　毎日新聞社　1982

『桂離宮 修学院離宮』京都新聞出版センター　2004

『紙の建築 行動する──建築家は社会のために何ができるか』坂茂 著　岩波書店　2016

『カラー版 図説 建築の歴史 ─西洋・日本・近代』西田雅嗣・矢ヶ崎善太郎 編　学芸出版社　2013

『旧帝国ホテルの実証的研究』明石信道 著　東光堂書店　1972

『境界 ─世界を変える日本の空間操作術』隈研吾 監修　高井潔 写真　淡交社　2010

『近代建築史』石田潤一郎・中川理 編　昭和堂　1998

『宮司が語る御由緒三十話　春日大社のすべて』花山院弘匡 著　中央公論新社　2016

『「建築学」の教科書』安藤忠雄・石山修武・木下直之ほか 共著　彰国社　2003

『建築的思考のゆくえ』内藤廣 著　王国社　2004

『国立西洋美術館』国立西洋美術館 2016

『五重塔の科学』谷村康行 著　日刊工業新聞社　2013

『五重塔のはなし』濱島正士・坂本功 監修　「五重塔のはなし」編集委員会 編著　建築資料研究社　2010

『小屋と倉 ─干す・仕舞う・守る・木組みのかたち』安藤邦廣＋筑波大学安藤研究室 著　建築資料研究社　2010

『写真集成 近代日本の建築14　伊藤忠太建築作品』倉方俊輔 監修　ゆまに書房　2014

『重要文化財銘苅家住宅修理工事報告書』銘苅家住宅修理委員会　1979

『集落の教え100』原広司 著　彰国社　1998

『神君家康の誕生 ─東照宮と権現様』曽根原理 著　吉川弘文館　2008

『新建築臨時増刊 日本の建築空間』新建築社　2005

『神社の本殿』三浦正幸 著　吉川弘文館　2013

『図解 ニッポン住宅建築 ─建築家の空間を読む』尾上亮介・竹内正明・小池保子 共著　学芸出版社　2008

『図説 西洋建築史』陣内秀信・太記祐一・中島智章ほか 共著　彰国社　2005

『図説 茶室の歴史』中村昌生 著　淡交社　1998

『図説 日本建築の歴史 ─寺院・神社と住宅』玉井哲雄 著　河出書房新社　2008

『図説 バロック』中島智章 著　河出書房新社　2010

『世界10000年の名作住宅』エクスナレッジ　2017

『世界がうらやむニッポンのモダニズム建築』米山勇 監修　伊藤隆之 写真・著　地球丸　2018

『千利休の功罪。』木村宗慎 監修　ペン編集部 編　阪急コミュニケーションズ　2009

『続・街並みの美学』芦原義信 著　岩波書店　2001

『茶の本』岡倉覚三 著　村岡博 訳　岩波書房　1961

『手にとるように建築学がわかる本』鈴木隆行 監修　田口昭 編著　かんき出版　2004

『伝統木造建築事典』高橋昌巳＋小林一元＋宮越喜彦 著　井上書院　2018

『特別名勝栗林公園掬月亭保存修理工事報告書』香川県商工労働部観光振興課栗林公園観光事務所　1994

『日光東照宮の謎』高藤晴俊 著　講談社　1996

『日本建築史図集』日本建築学会 編　彰国社　2007

『日本建築史序説』太田博太郎 著　彰国社　1947

『日本建築の美』神代雄一郎 著　井上書院　1967

『日本のアール・デコの建築家 ─渡辺仁から村野藤吾まで』吉田鋼市 著　王国社　2016

『日本の家 ─空間・記憶・言葉』中川武 著　TOTO出版　2002

『日本の伝統建築の構法』内田祥哉 著　市ヶ谷出版社　2009

『日本の窓』日び貞夫 著　ピエ・ブックス　2010
『日本の民家第4巻 農家Ⅳ』関野克 監修　学習研究所　1981
『日本の民家 ―美と伝統 西日本編』高井潔 著　平凡社　2006
『日本の民家 ―美と伝統 東日本編』高井潔 著　平凡社　2006
『藤森照信の茶室学』藤森照信 著　六耀社　2012
『不滅の建築8　銀閣寺』鈴木嘉吉・工藤圭章 責任編集　毎日新聞　1989
『プロジェクト・ジャパン メタボリズムは語る…』
　　　レム・コールハース・ハンス＝ウルリッヒ・オブリスト 著　平凡社　2012
『街並みの美学』芦原義信 著　岩波書店　2001
『窓から建築を考える』五十嵐太郎＋東北大学五十嵐太郎研究室＋市川紘司 編著　彰国社　2014
『「窓」の思想史 ―日本とヨーロッパの建築表象論』浜本隆志 著　筑摩書房　2011
『窓のはなし(物語 ものの建築史)』山田幸一 監修　日向進 著　鹿島出版会　1988
『間(ま)・日本建築の意匠』神代雄一郎 著　鹿島出版会　1999
『三徳山 大山(朝日ビジュアルシリーズ)』朝日新聞社　2003
『名作住宅から学ぶ 窓廻りディテール図集』堀啓二＋共立女子大学堀研究室 編著　オーム社　2016
『モデュロールⅠ』ル・コルビュジエ 著　吉阪隆正 訳 鹿島出版会　1979
『モデュロールⅡ』ル・コルビュジエ 著　吉阪隆正 訳 鹿島出版会　1979
『八つの日本の美意識』黒川雅之 著　講談社　2006
『ヨーロッパ建築史』西田雅嗣 編　昭和堂　1998
『ライトの住宅 ―自然・人間・建築』フランク・ロイド・ライト 著　遠藤楽 訳　彰国社　1967
『ル・コルビュジエ ―建築・家具・人間・旅の全記録』エクスナレッジ　2011
『連戦連敗』安藤忠雄 著　東京大学出版会　2001
『GA HOUSES 世界の住宅100』A.D.A.EDITA Tokyo 2007

索引

あ

愛染堂	24
赤坂離宮	80
足利義政	40
足利義満	41
アシャギ（離れ座敷）	78
東孝光	130
カーテンウォール	126
アート	136, 158
雨戸	65
雨戸廻し	65
雨端	78
アールデコ	89, 90, 102
アールヌーボー	102
アルミパネル	126
安藤忠雄	140
アントニン・レーモンド	100, 108, 116
アンビルト	160
アンリ・ラパン	102
池田光政	62
石落し	47
石川数正	46
イスラム文化	95
伊勢神宮	12, 15, 16, 19, 109
伊是名島	78
一間社	20
伊東豊雄	148
イヌマキ	79
入母屋屋根	154
ヴァルター・グロピウス	115
浮き上がる柱	150

ウシヌヤー（畜舎）	78
打込み工法	89
打放しコンクリート	130, 140
ウフヤ（母屋）	78
海の博物館・収蔵庫	142
有楽囲い	52
漆	63
栄西	37
江川家住宅	13
エキスパンションジョイント	88
エッフェル塔	104
江戸幕府	48
円覚寺舎利殿	37
遠藤新	86, 88
扇垂木	37
応仁の乱	40, 129
大浦天主堂	70
大阪万博	136, 138
大谷石	84, 88
大谷石採掘場跡	84
岡本太郎	136
織田有楽斎	52
御柱祭	13, 15

か

開口部	30, 50, 58, 65
怪獣	94
回転レストラン	127
香川県庁舎	118
学制発布	74
懸造	24
春日大社	20
春日造	20, 24
霞が関ビル	134
片山東熊	80

堅魚木	16	近代数寄屋	13, 106
学校建築	62	草屋根	101
桂離宮	31, 46, 50, 87	熊野神社長床	119
金田充弘	150	軽量化	126
カプセル	138	化粧材	28, 48
紙の教会	144	ゲルマン民族	95
伽藍	24, 56	コア構造	135
軽井沢夏の家	100	公営住宅	113
関東大震災	82, 88, 92, 98, 102	公開空地	134
観音殿（銀閣）	40	剛構造	126
看板建築	92	交差リブヴォールト	70
幾何学模様	103	豪雪地帯	60
掬月亭	64	構造材	28, 49, 116
菊竹清訓	120	勾配	143, 155
キャンティ（レバー）	131, 156	勾配屋根	34
旧朝香宮邸	102	甲良宗広	56
旧岩崎邸	76	国宝	23, 24, 40, 47, 62, 81
旧開智学校	74	国立代々木競技場	124
旧杵屋別邸	106	ゴシック	36, 70, 94, 100
旧閑谷学校	62	五重塔	12, 14, 18, 24, 129, 150
旧帝国ホテル	88, 100	小堀遠州	54
宮殿建築	80	小舞	30
求道学舎	90	コロ	127
境界	64	コンヴァージョン	82
狭小住宅	116, 131, 141	コンクリート	74, 89, 92, 98, 124, 137, 140, 142, 144, 158, 163
京都駅ビル	146		
京都御所	80	コンコース	146
京都タワー	128	権藤要吉	102
擬洋風建築	71, 74		
曲線的	103		
曲面ガラス	129	**さ**	
巨大な木の柱	12	最小限住居	116
切妻屋根	19, 154	斎藤助教授の家	114
金閣寺	41	扠首組み	60
均質空間	148	茶道	54, 58
近代建築の五原則	100, 118, 122	産業革命	104

三十三間堂	34, 49
サンドイッチ構造	156
三内丸山遺跡	12
シェル構造	158
シェルター	144
紙管	144
式年遷宮	17, 20
式年造替	20
軸組構造	64
軸線	56
慈照寺	40
静岡県草薙総合運動場体育館	162
自然との共生	21
地蔵堂	24
下地窓	30
しつらい（室礼）	114
支保工型枠	158
四方正面造	64
奢侈禁止令	48
斜線制限	154
借景	59
自由学園明日館	86
集合住宅	91
柔構造	126
柔構造理論	126
集成材	162
如庵	52
書院造	40, 48, 50, 54
城郭建築	30, 46
賞花亭	31
障子	30, 51, 59, 65, 97, 109, 114
商店	92
浄土庭園	22
縄文時代	12
鐘楼堂	24
ジョサイヤ・コンドル	76

食寝分離	113
白川郷合掌造	60
ジラール神父	70
白い箱	104
真壁	13, 101, 107
信貴山縁起絵巻	30
寝殿造	24, 49, 67, 80, 87, 114
心御柱	12, 15, 19
心柱	12, 14, 150
心柱型付加質量機構	15
スカイハウス	120
数寄屋	50, 106
スケルトンインフィル	90
砂付きルーフィング	133
洲浜	22
スパン	73, 143, 162
住吉の長屋	140
清家清	114
西洋館	74, 76
世界遺産	60, 72
禅宗様	33, 36
せんだいメディアテーク	148
尖頭アーチ	70
千利休	44, 50, 52, 55, 58
礎盤	37

た

待庵	31, 44, 50
大階段	147
大黒柱	12, 15
大仏様	32, 36
台目構	52, 55
太陽の塔	136
平重衡	32
高床	42, 73

武居三省堂	92
武田五一	90
足し算の建築	84
竪穴式住居	46
立石清重	74
建具	30, 64, 114, 119, 121, 130
垂木	25, 28, 34, 37, 79, 133, 163
丹下健三	118, 120, 124
短縮化	127
違い棚	40, 50, 54
地下住居	84
近角真一	90
千木	16, 125
椋	37
茶の湯	44, 53, 55, 58
中世ヨーロッパの修道院	94
超高層ビル	134
超高層ホテル	126
重源	32, 37
直線的	103, 104
突き付け	133
付書院	40, 49, 54
津田永忠	62
土浦亀城	101, 104
土浦亀城邸	104
土型枠	158
妻入	19, 20
詰組	37
吊り構造	124
てこの原理	28
豊島美術館	158
デッドスペース	53
手習所	62
点前座	53, 55, 59
点前畳	44, 52, 55
寺子屋	62, 74

転用可能な日本の空間	113
東京オリンピック	124, 126, 128
東京オリンピックスタジアム・ザハ案	160
東京スカイツリー	15
東求堂	40, 49
同仁斎	40
東大寺南大門	32
塔の家	130
東福寺三門	36
徳川家康	56
床の間	44, 52, 59
都市住居	130
戸塚四丁目アパート	112
土間	43, 66
ドミノシステム	148
トングワ（台所）	78

な

内藤廣	142, 162
内藤礼	159
中井正清	48
中井正侶	48
中庭	141
投入堂	24
長押	32, 41, 48, 50, 54, 106, 108
南蛮貿易	47
南部焼き討ち	32
西沢立衛	152, 158
虹窓	59
西山夘三	112
二畳	44, 52
二条城二の丸御殿	48, 50
二畳半台目板入	52
躙り口	59
日建設計	156

二番座（表座）	78
庭	22, 65, 87, 114, 153
貫	24, 31, 33, 37, 60
ネオバロック	80
納経堂	24

は

バウハウス	104, 115
はがい	61
箱型モダニズム	101, 104
箱木千年家	12, 42
柱を立てる	12, 24, 109
八条宮智仁親王	50
桔木	28
パビリオン	136
パリ万博	102, 122
バルコニー	76, 117, 123
バロック	71, 80
半剛性吊り構造システム	125
坂 茂	144
阪神・淡路大震災	144
引き算の建築	84
備前焼	62
一橋大学兼松講堂	94
檜	25
平等院鳳凰堂	22
平入	20
ピロティ	100, 109, 118
檜皮葺き	24
ひんぷん	78
ファザード	92
吹抜け	105, 108, 116, 130, 147
不均質性	148
藤原頼道	22
襖	65, 67, 114

仏教	16, 22, 46, 99
舟肘木	24
フライング・バットレス	70
フランク・ロイド・ライト	86, 88, 100, 104
ブルーノ・タウト	51
プレキャストコンクリート	142
ブレース	117, 163
プレファブリケーション	127
プレーリースタイル	86
分棟	152
併用建築	93
ベランダ	73, 75, 77
法界寺阿弥陀堂	28
防水対策	63
法隆寺	22, 98
法隆寺五重塔	14
ホキ美術館	156
ポストモダン	146
保存活動	137
ホテルニューオータニ	126

ま

曲木	50
摩擦杭	89
増沢洵	116
松本城	46
間戸	30
丸柱	25, 50
マンサード	93
曼殊院八窓軒	58
ミース	160
密庵席	54
三徳山三佛寺	24
宮脇檀	132
民家	12, 42, 46, 66, 72, 78, 117, 155

ムーブネット	120
村田珠光	44
明治維新	72, 80
明治政府	74
明朗性	106
銘苅家住宅	78
メゾンエルメス	150
メタボリズム	138
もうびいでいっく	132
モダニズム	13, 73, 100, 104, 106, 108, 122, 125, 146, 148
木骨煉瓦造	72
モノコック構造	128
森山邸	152
文殊堂	24

八百万の神	16
山田守	128
弥生時代	12
結	61
唯一神明造	16, 19
有機的建築	87
ユニットバス	127
ユニバーサルスペース	148
養蚕	60
吉田五十八	106
吉武泰水	112
四畳台目	52
四畳半	40, 44, 52
寄棟屋根	78, 154
余白	152

ランダム	152
栗林公園	64
リニューアル工事	135
琉球王国	78
ル・コルビュジエ	100, 108, 122, 160
煉瓦造	71, 82
レンゾ・ピアノ	150
ローコスト	143, 144
路地	152
ローマ帝国	95
ロマネスク	70, 94

わ

和小屋	34, 60
和室	48
渡し板	63
侘び茶の祖	44
侘びの精神	44
和風伝統建築	76, 100, 106
和様	32, 35
ワンフロア	130, 135
ワンルーム	96, 117, 120, 130, 133

英数字

CIAM	100
DK	112
FRP	127, 139
HPシェル	132
LDK	113, 152
31m高さ制限	126, 128
51C型	113
9坪	116

173

著者略歴

中山繁信 なかやま・しげのぶ

法政大学大学院工学研究科建設工学修士課程修了
宮脇檀建築研究室、工学院大学伊藤ていじ研究室を経て
2000 ～ 2010年　工学院大学建築学科教授
現在、TESS計画研究所主宰
著書　『イタリアを描く』彰国社 2015
　　　『美しい風景の中の住まい学』オーム社 2013
　　　『世界で一番美しい住宅デザインの教科書』エクスナレッジ 2012
　　　『スケッチ感覚でパースが描ける本』彰国社 2012
　　　『住まいの礼節』学芸出版社 2005　　など多数
共著　『図解 世界の名作住宅』エクスナレッジ 2018
　　　『建築のスケール感』オーム社 2018
　　　『窓がわかる本：設計のアイデア32』学芸出版社 2016
　　　『矩計図で徹底的に学ぶ住宅設計［RC編］』オーム社 2016
　　　『矩計図で徹底的に学ぶ住宅設計』オーム社 2015
　　　『階段がわかる本』彰国社 2012　　など多数

杉本龍彦 すぎもと・たつひこ

工学院大学大学院修士課程修了
現在、杉本龍彦建築設計主宰
共著　『矩計図で徹底的に学ぶ住宅設計［S編］』オーム社 2017
　　　『窓がわかる本：設計のアイデア32』学芸出版社 2016
　　　『矩計図で徹底的に学ぶ住宅設計［RC編］』オーム社 2016
　　　『矩計図で徹底的に学ぶ住宅設計』オーム社 2015

長沖 充 ながおき・みつる

東京芸術大学大学院建築科修了
小川建築工房、TESS計画研究所を経て
現在、長沖充建築設計室主宰
都立品川職業訓練校非常勤講師
会津大学短期大学部非常勤講師
著書　『見てすぐつくれる建築模型の本』彰国社 2015
共著　『やさしく学ぶ建築製図［最新版］』エクスナレッジ 2017
　　　『矩計図で徹底的に学ぶ住宅設計［S編］』オーム社 2017
　　　『窓がわかる本：設計のアイデア32』学芸出版社 2016
　　　『矩計図で徹底的に学ぶ住宅設計［RC編］』オーム社 2016
　　　『矩計図で徹底的に学ぶ住宅設計』オーム社 2015
　　　『階段がわかる本』彰国社 2012

蕪木孝典 かぶらぎ・たかのり

筑波大学大学院芸術研究科修了
テイク・ナイン計画設計研究所、（株）中央住宅STURDY STYLE事業課等を経て
現在、（株）中央住宅　戸建分譲設計本部所属
（一社）東京建築士会環境委員会委員
共著　『矩計図で徹底的に学ぶ住宅設計［S編］』オーム社 2017
　　　『矩計図で徹底的に学ぶ住宅設計［RC編］』オーム社 2016
　　　『矩計図で徹底的に学ぶ住宅設計』オーム社 2015
　　　『世界で一番やさしいエコ住宅』エクスナレッジ 2011

伊藤茉莉子 いとう・まりこ

日本大学生産工学部建築工学科卒業
2005〜2014年　谷内田章夫／ワークショップ（現：エアリアル）
2014〜2019年　KITI一級建築士事務所主宰を経て
現在、Camp Design inc. 共同主宰
会津大学短期大学部非常勤講師
共著　『設計者主婦が教える片づく収納のアイデア』エクスナレッジ　2018
　　　『図解 世界の名作住宅』エクスナレッジ 2018
　　　『矩計図で徹底的に学ぶ住宅設計［S編］』オーム社 2017
　　　『矩計図で徹底的に学ぶ住宅設計［RC編］』オーム社 2016
　　　『矩計図で徹底的に学ぶ住宅設計』オーム社 2015
　　　『世界で一番美しい名作住宅の解剖図鑑』エクスナレッジ　2014

片岡菜苗子 かたおか・ななこ

日本大学大学院生産工学研究科建築工学専攻修了
現在、篠崎健一アトリエ勤務
共著　『建築のスケール感』オーム社 2018
　　　『窓がわかる本：設計のアイデア32』学芸出版社 2016

イラスト

越井 隆 こしい・たかし

東京造形大学デザイン科卒業
2009年よりイラストレーターとしての活動をスタート
雑誌、書籍、広告、WEB等で活動中
SWATCHとのコラボレーションや
SHIPS、JOURNAL STANDARD relume などの
クリスマスキャンペーンも手がける

装幀・本文デザイン：相馬敬徳（Rafters）

- 本書の内容に関する質問は，オーム社ホームページの「サポート」から，「お問合せ」の「書籍に関するお問合せ」をご参照いただくか，または書状にてオーム社編集局宛にお願いします．お受けできる質問は本書で紹介した内容に限らせていただきます．なお，電話での質問にはお答えできませんので，あらかじめご了承ください．
- 万一，落丁・乱丁の場合は，送料当社負担でお取替えいたします．当社販売課宛にお送りください．
- 本書の一部の複写複製を希望される場合は，本書扉裏を参照してください．

JCOPY ＜出版者著作権管理機構 委託出版物＞

建築用語図鑑 日本篇

| 2019 年　4 月 25 日 | 第 1 版第 1 刷発行 |
| 2023 年　11 月 10 日 | 第 1 版第 6 刷発行 |

著　　者	中山　繁信・杉本　龍彦・長沖　充
	蕪木　孝典・伊藤　茉莉子・片岡　菜苗子
イラスト	越井　隆
発行者	村上　和夫
発行所	株式会社 オーム社
	郵便番号　101-8460
	東京都千代田区神田錦町 3-1
	電話　03(3233)0641(代表)
	URL　https://www.ohmsha.co.jp/

© 中山繁信・杉本龍彦・長沖 充・蕪木孝典・伊藤茉莉子・片岡菜苗子・越井 隆 2019

印刷・製本　三美印刷
ISBN978-4-274-22362-4　Printed in Japan